自序

這是我「寰遊自傳」系列的第十四冊書了。

為了保留二十一世紀初，所見中國東南諸省的佛教復興景象；為了追溯中國禪宗的祖源法脈；為了體驗祖師們開山建寺接眾、化眾、安眾的慈悲願力；為了走入祖師先賢們學法、護法、弘法的精神領域；為了激勵後進來賢，記取法門興廢的教訓，是繫於道風及人才的隆替；為了記錄我對這回巡禮的所見、所思、所感，緬懷古德，鞭策自己。

因此，本書是從佛教歷史、地理、人文的角度，介紹我們五百人的團體所經之處，所遇的人事景物。時間所遺的，是佛教歷史；空間所遺的，是佛教古蹟；貫串其中的，是我們這個巡禮團的十四天行程。我所寫的，便是在這行程中的一個一個活生生的場景、人物，並且穿越時空的隧道，一窺禪宗祖師們的各家風光。

已往，我們慣常所說的「江湖」一詞，頗有貶抑輕視的用意，例如形容黑社會的人物行事，為「人在江湖，身不由己」；形容流動的民間醫生，為「江湖郎中」；形容行走的商販，為「走江湖的」；形容不夠真實的客套話，為「江湖氣」。

經過這一趟的古蹟巡禮之後，始知「走江湖」一詞，源出於禪門，江西及湖南，乃是中國禪宗發展史上，最重要的兩個地域，馬祖道一及百丈懷海，師徒兩代的本道場，都在江西；南嶽懷讓及石頭希遷，兩大禪師的本道場，均在湖南。禪宗的五宗七派，開花結果，主要也在這個環境中完成。所以形容禪門的行者，尋師參方，來往於各大禪師的門下，稱為「走江湖」。

我們這次的行程，的確也經過了廣東的珠江、湖南的湘江、江西的贛江及九江，安徽的長江、福建的閩江，洞庭湖則在湖南及湖北兩省的中間。對政治領袖的帝王而言，將國土名為「江山」；對禪門的修行人而言，大陸東南各省的道場所在，名為「江湖」，與法雲、震法雷、布法雨的龍象人才，不論是潛龍在淵、飛龍在天、臥龍在崗，都是在此江湖的活水之中孕育產生。我們雖因障重福薄，未能恭逢禪宗盛世，有緣前往巡禮江湖遺址，也可獲得不少的啟示。

我們法鼓山的僧俗四眾，都以「萬行菩薩」的心行悲願，來自勉勉人，此行五百人，也都以菩薩行自我期許，並且以現前的菩薩、未來的諸佛，禮敬所見、所遇的每一個人。這是本書之所以名為《五百菩薩走江湖》的因緣了。

藉著本書的出版，我要感謝凡與本書相關的每一位菩薩。唯以我的年事已高，體力衰退，加上國內外弘法工作及行政事務的忙碌，不論口述、筆潤，都是時斷時續，以致拖了半年多才完成。最後加製一張圖表，以便讀者參看，了解書中各寺院與禪宗祖師，以及在傳承發展上的關係。

二〇〇三年六月十日聖嚴序於臺北農禪寺

目錄

一、籌備了三年

自從一九九六年陪同二百九十八人訪問大陸之後，就覺得應該要走一趟中國南方。因為中國的禪宗，就是從南方的海上傳到廣州的，嗣後六祖惠能也是在廣州落髮，現出家相。雖然中國禪宗後來有「南頓北漸」之說，但從六祖惠能至第七祖南嶽懷讓、青原行思，一直到現代中興禪宗的虛雲老和尚，都是南方人，而且也都是在南方興建道場、弘揚禪法的。

動了這個念頭之後，便從一九九九年開始計畫，施建昌居士也因此到大陸考察了好幾次。但是由於當時臺海兩岸的政治問題相當吃緊，所以暫時作罷。後來到了二〇〇〇年，我出席聯合國宗教暨精神領袖高峰會議，遇到了大陸代表團的領導人員，便當面向他們探聽口風，結果他們要我以書面向北京接洽，但是希望我不要帶太多的人去。

二〇〇一年，我的一位信眾蕭傑先生，他是在美國長大的華僑，在大陸投資許多事業，有一次去浙江的一所名剎參訪，向他們提起我，並說我是他的師父，剛從馬來西亞的吉隆坡弘法回到美國。我在馬來西亞做的兩場演講，每場聽眾都有六、七千人。浙江那座道場的一位護法聽了，便要求這位華僑信眾勸說我去大陸弘法，保證每場都會有幾萬人來聽。我得到消息之後回答他們，這必須要透過北京中國佛教協會和國家宗教局的許可和邀請，我才能去。經過那位信徒幾番地奔走接觸，最後還是要我向北京提出書面的計畫。我不太懂得大陸宗教政策和法規的狀況，因此只有把事實寫成書面說明，結果並沒有得到回音。後來經過側面的探聽，才知道這樣的弘化活動，很難受到批准的。

直到今年（二〇〇二年）春天，陝西省扶風縣法門寺的佛指舍利到臺灣巡迴展出，剛好北京宗教局的幾位高級領導，以及全國佛教界的長老法師、大德居士，全部到了臺灣。由於我們法鼓山也參與了接待的工作，於是我再度提起到大陸南方做禪宗探源的意願。他們口頭上是答應了，不過認為五百人的訪問團，對於大陸各寺廟來說，無論是接待或是旅途中的安全，都是大費周章的事，因為他們從來不曾接待過這樣一個大團體。

即便如此，我們法鼓山內部還是照常進行這項計畫，希望能在二〇〇二年十月三日至十六日間成行。首先，我們組成一個非常堅強的籌備小組，由執行長施建昌和專案祕書廖雲蓮任總指揮，分別負責大陸實地預訪以及行程的安排、旅行社的接洽、接受報名、製作衣帽和手冊、備置禮品等各項行政工作。施建昌居士因此去了大陸五趟，事先訪問了一、二次我們預定要訪問的寺院，還到預訂的旅館試住、試吃，他擱下自己的工作為大眾服務，真是費心、耗時又花錢。

而在行政作業方面，由於我們無法掌控大陸的狀況，對團員的報名資格以及參加的人數，也沒有辦法有效地把握，所以狀況頻仍。有不少報名的信眾最後因條件不合而退出，還有一些信眾是報名之後又退出，退出之後再報名，甚至到了最後三天，還有人退出。這對行政工作來講，是牽一髮而動全身的大麻煩事，幸虧大家都是為了護法、學法、弘法，即使做到日以繼夜的不眠不休，也沒有任何埋怨。

不過最緊張的，莫過於到了九月中旬，仍然沒有得到大陸方面的消息。雖然並沒有不允許我們組團到大陸訪問，但是沒有得到核准文件，如果我們貿然前往，就成了不速之客。因此我親自給北京方面寫了一封信，請他們能夠給予我們這個巡禮團協助。這次的回音倒來得相當快速，三天之後，也就是九月十八日，就收到國家宗教局的正式邀請函，接著九月二十二日，又收到中國佛教協會的正式邀請函。這樣一來，此行反而成為大陸中央政府主管宗教事務部門以及中國佛教協會主動邀請我們。在形式上，並不是批准我們的要求，而是我們被動接受邀請。受到這樣禮遇的安排，是我從來不曾想到過的。

也正由於這個原因，我們從廣州市的海關入境，一直到完成全部行程的出境為止，全團五百人都受到大陸方面貴賓式的待遇和照顧。特別是我個人及幾位領隊的負責人、團長、副團長等，在任何一個機場上下飛機之時，都是以特殊貴賓身分的禮遇通關；也就是不需經過排隊、檢驗證照、查看行李等手續。而且在一站一站的接駁過程中，全程至少都有一前一後兩輛公安交通警車的開導護送。所以我們這個龐大的車隊，行經六個省，都能按照預定的時間，暢通無阻到達目的地。

但是讓我想不通的是，為什麼大陸之前對我們這一團的訪問，遲遲沒有正面的反應？後來有位宗教局的官員告訴我，其實他們為我們這一次的訪問已經準備了年餘，因為牽涉的單位和地區太廣、太多，而且也是他們有史以來所接待過最大的一個佛教訪問團，所以耗費了許多時間。

二、出發前的叮嚀

我們這個巡禮團的成員，多半是從臺灣出發，其中也有部分來自美國、加拿大、新加坡、馬來西亞、紐西蘭、澳洲、泰國、英國以及香港等地的。我們在香港機場會合後，即一起登上中國東方航空公司的三架專機，進入大陸的廣州。

因為這是相當龐大的團隊行動，因此原則上希望能由幾家大的旅行社來評估承攬，但是他們聽到我們計畫要走的路線，就沒有一家願意接這個案子了。原因不是他們沒有人力，而是因為我們所選擇的禪宗古道場，多半不在一般旅遊的景點上，甚至有些地方可以說是要進入深山探險一樣。所以最後還是由曾經為我們法鼓山服務過兩次的亞星旅行社，發心接下這項任務。

亞星旅行社曾經在一九九三年以及一九九六年，承辦過我們兩次的大陸佛教巡禮之行，而且都是這般高難度的行程。因為這家公司的主辦人薛氏姊弟三人，都是法鼓山的護法，願意不顧辛勞、不計成本地為我們奉獻。譬如這次我們在大陸幾乎每晚住的都是五星級大飯店，每輛只搭載二十八人的大遊覽巴士就有二十輛，這樣包括食宿、陸空交通等全部所需，平均每人每天的花費不到一百美元。

而通常單是五星級的房間，每晚就要超過一百美金了。還有，因為我們彼此間的配合已深具默契，合作得也很愉快，每次陪團的人員都不需要太多——像這一次他們總共只出動了六人；雖然是工作人員，可是他們都自願成為我們巡禮團的一分子，比照我們全部工作人員，付了各自的團費。

由於人數太多，事先的準備非常重要，首先由籌備小組擬出了一張巡禮團的工作職掌表。由我擔任導師，僧團相關的法師為輔導，執行長施建昌，團長陳嘉男，副團長施炳煌、王景益，顧問陳盛沺；下面又分成十二個工作小組，那就是祕書、旅行社、行政、總務、場地、護勤、醫務、成長、影視、行李、財務、功德分享，每一組都有二到十人不等。此外，在二十輛的遊覽車上，每車都有一至二位輔導法師，以及一位車長和兩位副車長。所以全部的工作人員，就多達將近兩百位。

我們在行前也開了三次階段性的說明會，各個工作小組分別召開的會議，則有幾百個場次。我在第一次的行前說明會中，給大家做了半小時的勉勵，說明了組團的原因、目的，以及行程中應該注意的事項。主要提出了七點叮嚀做為共識，現在把這篇講稿抄錄如下：

諸位法師、菩薩：

這一次的二〇〇二年大陸佛教古蹟巡禮，我們已經籌畫了二年多，原本希望能夠在前年成行，後來因為發生了許多的因素，所以延後到今年，但願今年我們能夠如期出發。

這次的行程從十月三日開始，預計在大陸停留二個星期。我非常感謝負責巡禮護法團的執行長施建昌菩薩、專案祕書廖雲蓮菩薩，以及這一次的工作團隊。這段時間他們非常地辛苦，所有的預備工作已完成，不僅僅是紙上的作業，還實地到了大陸去勘查，覺得非常地安心、可行之後，我們才確定組成這樣一個龐大的巡禮團。

而我們最初的計畫是四百名團員，但是現在已增加至五百人左右。這樣龐大的團體，不要說是臨時組成的巡禮團，就是一個五百名軍力的軍隊行動，也需要事前的沙盤演習、實地踏勘，否則一定會亂。所幸這一次由施建昌和廖雲蓮菩薩，跟亞星旅行社已做了十分周詳的規畫，他們都有很豐富的經驗。

在過去，我們曾經到印度及中國大陸朝聖巡禮，從一百人、二百人到三百人，這次則增加為五百人。為什麼有這麼多人報名？第一，我的年事已高，這一次之後，是不是還有機會組團去大陸？誰都不知道。第二，經過這次之後，我們還沒有去過的大陸佛教古蹟，已經不多了。

我不是一個喜歡遊山玩水、旅行消遣的人，我到任何地方，一定是有任務。如果已經去過的地方，還必須再去，那一定是有要務，否則我不會去。旅行或是巡禮也是一樣。例如我已經去過印度了，如果還有機會去印度，那一定是特別的因緣，而不是為了巡禮。所以在這一次巡禮的地方，包括了中國東南部六個省分，雖然安徽省我們曾經去過，但是巡禮的路線絕不會重疊。

另外，這一次我們的巡禮團，是五百人的整體行動，非同小可，光是上車、下車的時間，就不容易掌控，還有吃飯、住宿時的隊伍集散，也都要好幾分鐘的時間。因此，行程中請大家共同體諒、相互包容，讓這次的巡禮團很順利，讓我們每一個人覺得很愉快，也讓陪我們的旅行社人員，或者是接待我們的大陸地區的旅館、交通、寺院人員，不覺得麻煩，這樣子，便都是在接受提昇品質的教育訓練。

接下來，我有幾點叮嚀，要請諸位配合。

1.隨時隨地保持身心輕鬆，唯有輕鬆的身心，才能有健康的身心，完成一趟順利的旅程。

2.請切實遵守巡禮團團員手冊的規定。

3.請切實遵守秩序，謹守本位。旅程中包含機位、車位、餐桌位、房間住宿及步行隊伍的位置，都有明確的安排，請勿爭先恐後搶位子，否則一枝動而百枝搖，影響整體運作。

4.行程中將安排團體攝影留念，請團員避免要求與師父單獨合照。

5.巡禮團不是採購團，請團員避免沿途採購，增加行李的負擔。參訪行程最好的紀念，不是旅遊商品，而是走入歷代高僧大德為弘法利生的內心世界。最好的禮物，是每個人從中學習的一顆菩提心與智慧心。

6.古蹟巡禮的本質，是一次精進的禪十四，從中體驗動中禪。行程中每天均有早晚課，空閒時盡量保持禁語。請大家用禪修的方法，隨時隨地練習放鬆身心、數呼吸或是念聖號。

7.朝聖巡禮的目的，是為了找尋中國禪法的根源。中國禪宗最初的根本，是從六祖惠能大師開啟的，因此我們尋根的目的，是為了承先啟後。但是到了禪宗根源的現場，大家一定會很失望，因為當地的修行者已經不多了，有的只是正法的衰落、禪宗的式微。看到禪宗的根源如此凋零，為了使漢傳佛法起死回生，復興中國禪宗的法脈，我們一定要發起大悲願心。

基於以上的共識，希望在這十四天的巡禮行程之中，大家都能夠應用法鼓山的理念，以四種環保來推動三大教育，隨時隨地相互勉勵，以心靈環保的心五四運動做為身心行為的準則。如此，我們的五百位團員，就是五百位修行六度萬行的菩薩。

今天諸位菩薩之中，報名參與的多半都已在場了，另外還有一些是包括美國、加拿大、新加坡、香港，以及馬來西亞等地的海外菩薩們。以上這七點的叮嚀，不只是給臺灣的菩薩們講的，海外的菩薩在參與我們這個團體之後，也要打成一片，與國內菩薩們的行動完全一致。

最後，祝福大家一路平安、健康，也請大家一定要發大悲願心。如果能夠發起清淨的大悲願心，一路上一定是很順利的，一定是很健康的，就是遇到一些小問題、小麻煩，也都能夠迎刃而解的。如果發心不正確，經常挑剔抱怨、對許多事看不順眼，那就有麻煩了。不僅自己煩惱，其他的人也會跟著受影響，這就非常地遺憾了。如果我們是發了大悲願心而去的，相信在這十四天之中，大家在菩提道上，一定會有很多的成長。

最後祝福大家，常念觀世音菩薩。

因為大家都認知到，這是參加十四天動中禪的禪修活動，所以我們這個團體從一出發開始，就是秩序井然，彼此相處的態度都是親切、禮貌，非常有紀律。因此，大家都能夠身安、心安，真是快快樂樂地出門，平平安安地回家。我除了感恩全體的工作人員，也要感恩每一位團員的配合。

三、抵達廣州市

二〇〇二年十月三日，星期四。

當天進入廣州機場海關的經驗，與一九八九年初返大陸，在北京機場受到的隆重接待相似。廣東省宗教局局長溫蘭芝女士不但親自向我獻花，並且向我介紹廣東省佛教協會會長明生法師，以及廣州市佛教協會會長光明法師等。來到機場貴賓室後，又見到了中國佛教協會派來的兩位全程陪同的法師，那就是國際組的宏度法師，以及教務部的妙航法師，北京宗教局也派了一位全程陪同的薛樹琪先生。他們都曾經到過臺灣，和我有過幾面之緣。

我在機場就能感受到大陸政府部門的行政效率、行政運作，是相當靈活而貫徹的。譬如說我們進入海關時，本來數十箱贈送各寺院和相關單位的佛書等禮物無法通關放行，結果國家宗教局的薛先生向北京打了一通電話，就立刻解決了。這是因為我們此行是由宗教局主導，由黨的統戰部做政策指導，國台辦從中協助，中國佛教協會則是宗教局體系下的一個系統。因此我們到任何一個地方，都和他們的宗教局、佛協、統戰部、國台辦有密切的關係，公安以及各級的行政部門，省、縣和地方的領導，也都以同樣的高標準方式接待，可見他們的作業是上下一致的。

出了機場後，就直接趨車前往廣州市區的花園酒店。然後與搭乘第一、二班次飛機的團員，在「上士齋」素菜館午餐。搭乘第三班次航機的團員，則是在香港的候機室用午餐。餐後上士齋的老闆供養了我一千元人民幣，這使我相當意外。原來他是我在香港的皈依弟子，真想不到我在廣州還有一個弟子。

張國立以鮮花歡迎聖嚴法師

回到花園酒店，一進入臥房，就看到兩架六盆的鮮花迎面而立，讓我又一次感到意外。只見花架的飄帶上寫著：「弟子張國立，法名常昇，歡迎聖嚴師父。」這才讓我恍然大悟。張國立是大陸演藝界非常有名的一位皇帝小生，在大陸和臺灣的知名度都相當高。由於去年他為張光斗製作的一部電視連續劇《歡喜菩薩》擔任男主角，隨片到臺灣首映時，訪問了法鼓山的臺北市安和分院。結果就在該部連續劇女主角陳亞蘭和製作人張光斗兩位菩薩介紹下，由我在佛前為他舉行了三皈五戒儀式，因此認定我是引導他學佛的師父。當時消息傳到大陸，還讓新聞界許多人虛驚一場，他們以為皈依佛門就等於出家做和尚了。這種誤解在二十年前的臺灣也曾發生，那是由於正信的佛法沒有普及的緣故。

我們在廣州的那陣子，他因為拍戲非常忙碌，所以無法前來廣州迎接。看到花籃後，我立刻打了一通電話給他，並約定好十月十六日他到廈門為我送行。結果他記錯了日期，到十六日晚上，才用手機跟張光斗確定拜見的時間，不過那時候我們全團已經離開大陸抵達香港了，這使得他非常懊惱。

四、六祖落髮的光孝寺

我們進入大陸參訪的第一所道場，就是廣州市內的光孝寺。光孝寺在禪宗史上的地位相當重要，梁武帝普通八年（五二七年），菩提達摩從南洋的海上到達中國的廣州，第一站就是在此駐錫，到目前為止，還有他的一個洗缽泉保存著。接著在唐高宗儀鳳元年（六七六年），禪宗六祖惠能大師也來到此處。當時二僧在爭論幡動還是風動的問題，他便當下指出是「仁者心動」，因而受到當時的住持印宗法師器重，並為他落髮受戒，成為正式的比丘。直到現在，寺內還有一座「瘞髮塔」和「風幡堂」，其中瘞髮塔是以石塊為基礎的磚灰沙結構，八角型，共九層，高七點八公尺。只此二項古蹟，就值得我們來巡禮參訪，因為中國禪寺就是從光孝寺開始的。

光孝寺的現任住持是新成法師，據說他經常住在海南島。而當天我們見到的是今日中國大陸德望最高、信眾最多、在中國南方弘化影響力最大的一位長老，也就

現年九十六歲的本煥長老親自接待，並讚美五百位團員是五百位菩薩。

是現年九十六歲的本煥老法師。本煥長老是湖北省人，文革之後他修復了不少寺院，包括光孝寺在內。他是光孝寺的退居，本來已經不再問事見客，當天他特別歡喜地代表大和尚接見我們，而陪同他接見我們的還有監院明生法師。明生法師是廣東人，中國佛學院畢業，現任廣東省佛教協會會長，也是中國佛教協會副會長，而他實際上就等於是光孝寺的住持。

一進入三門，就看到近千位的出家眾和信眾，夾道列隊歡迎我們。在「光孝寺」三個金字匾額上方，還有貼著紅紙黑字的紅布條，上面從左至右寫著：「熱烈歡迎臺灣法鼓山聖嚴大和尚一行蒞寺普照」。然後我們進入大殿拈香禮佛，他們的維那舉香讚之後，高呼為我接駕頂禮三拜，我們則為本煥長老及光孝寺諸位法師分別禮座，接著就在大殿前請本煥長老開示。

起初我還以為，我從來沒有到過廣州光孝寺，應該是沒有人知道我。可是本煥長老對我的生平好像相當熟悉，不但一再讚歎我的成就，還把我當作老朋友一樣地接待歡迎。對我們五百位團員也是一樣，稱讚大家是五百位菩薩，這次能一同到大陸巡禮，將來必定一起成佛。所以當我致謝詞的時候，就說長老已經給我們大家授記了，我們大家應該感恩領受。

然後我被邀請到客堂用茶，在這裡我贈送了幾項紀念品，包括我手寫的「人間淨土」小匾額、由王俠軍設計的同心同願琉璃作品一件，以及我的「現代經典」書系講錄二十多冊，還有為該寺僧眾打齋的薄供一份。而本煥長老回贈我的是小型銅鑄華嚴三聖像一組，以及長壽羅漢畫像一幅。之後我們就到寺內各處參觀。

據《光孝寺志》的記載，最初此處是南越王趙建德的故宅，到三國時代吳國虞翻謫居於此，世稱虞苑。虞氏在園裡講學並種了許多頻婆樹和訶子樹，故稱為「訶林」。虞氏死後，施宅為寺，名曰「制止寺」，成為廣州的第一座寺院。此後曾經易名為「王苑朝延寺」、「王園寺」、「乾明法性寺」、「乾明禪院」、「報恩廣孝禪寺」，到明憲宗成化二年（一四六六年），始稱「光孝寺」，成化十八年，明憲宗敕賜「光孝禪寺」的匾額，從此留傳至今。在《六祖壇經》中見到的法性寺，是唐太宗貞觀十七年（六四三年）開始，一直到北宋初年為止的寺名。

從資料所見，光孝寺的開山祖師共有三位，包括東晉時代從西域罽賓國來的三藏法師曇摩耶舍，劉宋文帝元嘉年間（四二四—四五三年）從印度來的求那跋陀羅，以及從印度來的智藥三藏。此後曾經駐錫該寺以及弘法、傳戒、譯經、灌頂、傳法的歷代顯密高僧有：菩提達摩、六祖惠能、真諦三藏、般剌三藏、不空三藏、鑑真和尚、溈仰宗的仰山慧寂禪師、明末的憨山德清禪師，以及天然和尚。所以它是南方第一古剎，也是最大的佛教重鎮和漢傳佛教的發祥地之一。

據寺志記載，該寺原有十一殿、六堂、三樓，但因時間的銷蝕、文革的破壞，舊貌已不復見。不過，現在寺內還可以看到兩棵古樹，其中一棵是在六祖殿前的菩提樹，據說那是梁武帝天監元年（五〇二年），由西印度的智藥三藏帶來種植的，迄今已有一千五百年了，在文革期間曾經枯死，現在則非常地茂盛；另外一棵是訶子樹，又稱為訶樹，如果說是三國時代的虞翻所植，距今則已有一千八百年的歷

作者為大眾講說惠能大師的故事（左方大樹為訶子樹，右方高塔為瘞髮塔）。

史。這兩棵古樹雖然閱盡人世滄桑，經過久遠的歷史，寺院的名稱改了又改，殿宇建築圮毀之後重建，重建之後圮毀，不知凡幾，但仍然生氣盎然地存活著。而且它們每逢朝廷毀滅或佛教的法難，它們就枯萎，佛教復興時，又變得很有精神，可見這兩棵古樹應該是很有靈性的。

還好一九八七年，大陸的宗教政策已經落實，故將破壞了的光孝寺也回歸佛教，經過十多年的重修重建，現在的光孝寺，有三門、天王殿、大雄寶殿、鐘鼓樓、伽藍殿、六祖殿、臥佛樓，以及禪堂、課堂、方丈寮、寮房、齋堂等，可見這是非常有規模的一座古剎。

我們從禪堂門外的一幅對聯，可以看出該寺在禪宗史上的地位，和對整個漢傳佛教的重要性，那就是：「衣鉢真傳一花五葉；法流東土二諦十宗。」上聯說的是從達摩東來而開出了禪宗的五大家七宗派；下聯是說明佛法東傳之後，形成了中國漢傳佛教的大小十宗。

遺憾的是時間太短，只是走馬看花，沒辦法仔細參觀。當我們離寺之前，全體團員聚集在大雄寶殿前的兩座鐵塔之間，圍著一個大香爐，和該寺的幾位法師合影留念之後就離開了。不過能參觀禮拜到北宋祥符年間所留下來的六祖殿及六祖惠能的銅像，心中已覺得很滿足了。

五、韶關曹溪的南華禪寺

十月四日，星期五。

上午七時三十分，我們從廣州市的花園酒店登車出發，經過四個小時的車程，終於抵達韶關市，然後再經過四十分鐘，便進入庾嶺分脈的山麓下，而那就是我們要訪問的第二站——「南華禪寺」。在經過韶關之後，沿路就可以看到「南華寺」的巨大路標，因為它現在已經是廣東省有名的旅遊景點了，據說每天都有上萬的旅客前往該寺參觀。我以為看到路標就應該快到了，可是車行又將近二十分鐘，才進入南華寺。南華寺雖身處山中，可是到了當地卻感覺像在平地一樣，腹地非常寬敞。

第一道三門的石額上，橫刻著「天下寶林」，兩旁的對子是「寶林山是袈裟地，六祖當年尋源卓錫；卓錫泉開甘露門，九龍今日浩氣靈雲」；第二道三門的石額上，橫刻是「曹溪」，豎刻則是「南華禪寺」；第三道三門的石額上，刻著「寶

南華禪寺的信眾在寺門前列隊歡迎

林道場」。而我們在路上經過了一個隧道，它的命名就是「寶林山」，可知南華禪寺就是歷史古剎寶林寺了。當天全寺數百位年輕的僧眾以及上千位信眾，從第一個三門開始，依序列隊歡迎我們。為了接待我們，寺方特別把遊客做了管制，寺內到處都很整齊清潔，不像是一個開放給觀光旅遊的香火道場。

現任的方丈是五十九歲的傳正法師，他引導我們穿過三道三門、放生池、花園，而來到了大雄寶殿。因為一個中軸線共有七進，在大雄寶殿後方還有藏經閣、靈照塔、祖師殿。在大殿禮佛後，由我及傳正方丈分別致詞。我告訴大家，南華寺和我的法脈，不僅是淵源流長，而且也是非常地親近。傳我臨濟法脈的法師，是虛雲老和尚的嫡裔靈源宏妙和尚，他是由虛雲老和尚親自在南華寺剃度的，並曾受命代替虛雲和尚主持南華禪寺，也是在國民政府時代的最後一個方丈。

當時虛雲老和尚離開南華之後，先交給復仁和尚；復仁離寺後，虛雲和尚再叫靈源和尚去接；靈源和尚再交給本煥長老；本煥長老交給佛源長老；佛源交給現任的傳正法師。而當時靈源和尚給我起的法名是知剛惟柔，比起現任的方丈傳正法師，我在字派上要算高他一輩。所以這一次來到南華，真是如他們的標語所寫，我們是來「朝拜祖庭」。

之後，我便贈送了一些禮品給他們，而傳正法師也送我一本《新編曹溪通志》，以及十多本線裝的相關法寶資料。

其實我到南華寺，最重要的一樁事，就是禮拜六祖惠能大師的全身舍利，現正供奉在該寺的祖師殿中。該寺的祖師殿共供有三尊肉身菩薩像，中間一尊就是惠能大師，穿著黃海青，披著大紅祖衣，在他的上方，有一塊匾額，紅底金字寫著「本來面目」四個大字，上款是「己卯年五月」（一九九九年），下款是「佛源補遺」。

作者頂禮惠能大師肉身像

右首則是憨山德清大師肉身像，左首是該寺一位名叫丹田的比丘的肉身像，我都給他們就地拜了三拜。有關六祖大師的影像本有一塊石碑記載，但因刻於南宋孝宗淳熙十五年（一一八八年），故其碑文多已剝落模糊。

至於憨山大師和南華寺的因緣，記載於憨山大師《夢遊全集》第五十至五十五冊，直到現在還有李根源將軍抄錄憨山大師所寫的三首詩而刻的碑文在該寺，茲錄於下：

過曹溪謁六祖大師

曹溪滴水自靈淵，流入滄溟浪拍天，
多少魚龍從變化，源頭一脈尚泠然。

樵斧纔拋石墜腰，黃梅夜半寂無聊，
自持一鉢南歸後，從此兒孫氣日驕。

避難石

無端一念惹膻腥，從此形骸累不輕，
十載獵叢張網處，石頭滿眼盡無生。

己未人日重游南華禮憨山禪師塔敬寫遺詩三首以志嚮往
騰衝李根源書

古南華寺史中，最讓我們耳熟能詳的，還是虛雲老和尚重興南華寺的事蹟，那是他九十五歲到一〇五歲之間，也就是一九三四年至一九四四年那個時段。

從《虛雲和尚年譜》來看，他在南華寺十一年間留下的記錄相當多，有老虎皈依、白狐受戒、枯木發芽、靈泉應禱、大雨築堤、曹溪河流改向、樹神求戒等等。在我們進入南華寺的境內之後，明生法師就曾指著道旁的一棵老樟樹告訴我說，樹下有一座小神廟，供著一尊偶像，那就是向虛雲老和尚求受比丘戒的樹神。他是依照當時有人親眼看到的那位樹神化身為人的模樣而塑造，虛雲老和尚為那位樹神取法名為「常辱」。而年譜中也收錄了虛雲老和尚親自寫的〈重興曹溪南華寺記〉，那是一篇非常珍貴的文獻。我親自到了南華寺，才能體會到虛雲老和尚復興南華寺的苦

傳說老樟樹的樹神，曾向虛雲老和尚求受比丘戒，法名「常辱」。

心和苦行。

本來我也很想看一看「曹溪」究竟是怎麼樣的一條河流，但是因為行程時間不夠，所以只得作罷。據《虛雲和尚年譜》上說，「曹溪」距離南華寺前方約一百四十丈，本來年久失修，砂石沖積，致使水流改道向北，對著寺門直射，以風水而言，是很不好的。到了民國二十五年（一九三六年）夏天，虛雲老和尚準備興工，增補曹溪舊河，開鑿新河，全長八百四十多丈，需用三千個人工。正想動工之前，忽然於七月二十日的夜裡，雷雨大作，通宵如萬馬奔騰，到第二天，就沖出了一條新河。

這條「曹溪」在禪宗史上，人人皆知，因為六祖惠能在該寺講出《六祖壇經》，直到今天，還有曹溪版的《壇經》，而韓國由知訥（一一五八——一二一〇年）開創的禪宗，就叫作曹溪宗。禪宗史上稱曹溪的法脈源流為「曹源一滴水」，也就是代表禪門法乳的源頭，是在曹溪的南華寺。因為中國禪宗的法脈由此而傳出，所以曹溪之名，便代表著禪宗的法源所在。

我們在南華寺用了午齋，參觀之後，就在天王殿前，拍了一張團體照。同時也發現該寺還在大興土木，建造寮舍。寺內雖然經過多次重建重修，古文物還是保存很多，譬如現在的大殿是建於元朝大德十年（一三〇六年），殿中供奉的釋迦、藥師、彌陀三尊大佛，各高八公尺，都還保持著原貌。還有五百尊木雕的羅漢像，也是北宋時代的遺珍。

提起南華寺的歷史，最初也跟光孝寺相似。在梁武帝天監元年（五〇二年），西印度的智藥三藏經過寶林山時，預言一百七十年後，會有一位肉身菩薩來到這裡。此事聞於朝廷，就在天監三年建造堂舍，敕額「寶林」。到唐高宗龍朔年中（六六一—六六三年），六祖惠能來到此處，訪問了當時很有修行的無盡藏比丘尼，此尼一見惠能，便知他不是常人。因此周知附近的鄉人前來護持，就有曹叔良等，再次興建該寺，不久就成了一座梵剎。可惜惠能在那裡只停留了九個月，就被惡人追逐而離開。到了唐高宗儀鳳二年（六七七年），惠能再度來寺，登壇開法，四方學徒，聞風雲集，寺舍不敷使用，因此得到陳亞仙的護持，捐出了祖先的墓地，營造寺堂，並在附近建了十三處蘭若，因此大振禪風。南嶽懷讓、青原行思、石頭希遷等龍象人才，都是在此時期來親近惠能大師的。

到了唐中宗神龍元年（七〇五年），敕改此寺名為「中興寺」。神龍三年（七〇七年）敕賜「法泉寺」額。唐玄宗先天元年（七一二年）八月，惠能大師圓寂於新州的國恩寺，十一月全身歸葬於南華寺。唐憲宗元和十年（八一五年），謚六祖為「大鑑禪師」，並號六祖之塔為「靈照塔」。直到北宋太祖開寶年間（九六八—九七六年），才將該寺的名稱改為「南華寺」。

明神宗萬曆二十四年（一五九六年），當憨山大師訪問該寺，禮六祖塔時，見到寺宇已經凋敝不堪。就在萬曆二十八年，再度入山，驅遣三門內的商店，建立清規。到萬曆三十年重修祖殿，拓建禪堂，曹溪祖庭，因此而復興。在明熹宗天啟三年（一六二三年），憨山德清即圓寂於此。

之後經過三百一十一年，到民國二十三年（一九三四年）時，南華寺又是如虛雲老和尚所見：「殿宇已傾，房屋破壞，只得蓋搭葵篷竹屋以住眾」了。《虛雲和尚年譜》中，另有一段記述當時虛雲老和尚初至南華寺所見的狀況，可謂怵目驚心，茲錄於下：

雲至曹溪，房分只有五家，其數，不上十人，不居寺內，各攜家眷，住於村莊耕植牧畜，無殊俗類。其祖殿香燈僧，歸鄉人派管。每逢二八兩月祖誕，所有收入，由鄉村管理。宰殺烹飲，賭博吸菸，人畜糞穢，觸目掩鼻。視憨山所記當日情形。尤有甚焉。

因此，虛雲老和尚總覺得是為償還憨山大師的遺願而來，很巧的是，憨山大師的法名叫德清，虛雲老和尚的法名叫古巖，又名演徹，字德清。前後兩位德清，究竟是一還是二？只有虛雲老和尚自己知道了。

六、乳源雲門山的大覺禪寺

我們從韶關南華禪寺離開之時，已是下午二時三十分，接著要去訪問的是乳源縣的雲門山的大覺禪寺。經過一個半小時的車程，來到了雲門山的慈悲峰下，一進入眼簾的是一座倚山而建的寺院，而寺前則是一片平整的農田。下車後，穿著黃海青，搭上紅祖衣的大覺禪寺監院明向法師，以及捧著香案、穿著黑色海青的沙彌，早已立在三門口迎接我們了。

三門上的橫額，是白底黑字隸書的「雲門勝境」四個大字；兩側赭紅色的門柱上，有一幅黑色對聯，寫著：「雲來鷲嶺千山蔭；門接曹溪一脈傳。」該寺的特色是常住的執事們都穿灰色長衫，四百多位男、女二眾學僧則一律穿黑色海青，搭咖啡色的七條衣，進入三門又見數百位在家信眾，跟隨在出家的男、女二眾之後，列隊兩側，持誦聖號歡迎。經過天王殿時，見到大門正上方，有兩塊匾額，一塊是橫寫的「天王殿」，另一塊懸於天王殿三字的匾額之上，是直書的「大覺禪寺」；在兩側的廊柱上有幅對聯寫道：「門外不相關，幾越桑田幾滄海；胸中無所得，半是青松半白雲。」另又有一幅對聯，掛在該殿門框的兩側，黑底金字寫著：「雲覆大千界；門傳不二宗。」然後穿過天井，上了大殿，唱香讚，拈香禮佛，行禮如儀。

大覺禪寺的三門

接著就到他們的法堂，也就是虛雲老和尚紀念堂，賓主互贈禮物，由現年三十四歲的監院致歡迎詞，並向我們報告現任的方丈和尚是七十九歲的佛源長老，因為他也兼了其他幾個寺院的方丈，正好不在乳源。

我在致詞時，帶著相當感傷的語氣說：虛雲老和尚在南華住了十一年之後，就到了雲門山，來復興雲門宗的祖庭，到了一九五一年發生了雲門事件，那是遭匪徒連打數日，因此有人讚歎說是「打不死的虛雲老和尚」。這在岑學呂編的《虛雲和尚年譜》，以及馮馮所寫小說型態的《空虛的雲》之中，都有比較詳細的記載。現在想來還是會令人恐怖得寒毛直豎；根據《虛雲和尚年譜》的記載，茲將事件經過的情形抄錄下來：

迨辛卯歲春，開戒期間，四眾雲集，寺中有僧眾一百二十餘人。夏曆二月二十四日，忽有百餘人，前來圍困本寺，禁止出入。先將虛老和尚拘禁於方丈室中，以數人守之，復將各僧分別囚於禪堂、法堂。大搜寺內，上自瓦蓋，下及地磚，佛祖尊像，法器經藏，微細搜檢，竭百餘人之心目手足。經兩日時間，一無所獲，遂將監院明空，及職事僧惟心、悟慧、真空、惟章等拘去。復將冊籍部據來往書札，及虛雲和尚百年來之精註經籍法語文字，盡用麻包細載而去。加以種種罪行，其實情則誤聽外間傳說，謂寺內藏有軍械及發電機，又藏有金條白銀，其目的固在此也。數日之間，共拘去僧眾二十六人，施以種種楚毒，逼令供出軍械及藏金。眾稱不知，於是妙雲被打死，悟雲、體智等，亦受多次毒打，手臂斷折，此外復有數僧失蹤。擾攘十日，終無所獲，遂遷怒於師。

先是三月初一日，將師別移禁一室，門封窗閉，絕其飲食，大小便利，不許外出，日夜一燈黯然，有如地獄。至初三日，有大漢十人入室，逼師交出黃金白銀，及槍械，師言無有，竟施毒打。先用木棒，繼用鐵棍，打至頭面血流，肋骨折斷，隨打隨問，師即趺坐入定。金木交下，撲撲有聲，師閉目不視，閉口不語，作入定狀。是日連打四次，擲之撲地，視其危殆，以為死矣，呼嘯而出，監守亦去。侍者俟夜後，扶師坐於榻上。初五日彼等聞師未死，又復入室，視老人端坐入定如故，益怒，以大木棍毆之，拖下地，十餘眾以革履蹴踏之，五竅流血，倒臥地上，以為必死無疑矣，又呼嘯而去。入夜，侍者復抱師坐榻上，端坐如故，初十日晨，師漸漸作吉祥臥下（如佛涅槃像）。經一晝夜，全無動靜，侍者以燈草試鼻孔，亦不動搖，意圓寂矣，惟體尚溫，顏色怡然。侍者二人守之，至十一日晨（即四月十六日），師微呻吟，旋扶之起坐，侍者告以入定及臥睡時間，師徐語侍者法雲等，神遊兜率聽法事。夫甚深禪定境界，苦樂俱捐，昔憨山、紫柏受嚴刑時，亦同此境。此非未證悟者所能代說也。

經此數日，行凶各人目睹師行奇特，疑畏漸生，互相耳語，有似頭目者，問

大覺禪寺的法脈傳承表

僧曰：「為甚麼老傢伙打不死的？」答曰：「老和尚為眾生受苦，為你們消災，打不死的，久後自知。」其人悚然，從此不敢復向師施楚毒，惟事情擴大至此，所圖未獲，更恐洩漏風聲，故仍圍困，及偵查搜檢。對各僧人，不准說話，不准外出，即飲食亦受監視限制，如是者又月餘。時師所受楚毒，傷痕併發，病勢日增，目不能視，耳益重聽，弟子慮有意外，促師口述生平事略，隨錄為自述年譜草稿。

目前法堂柱子的兩側，還懸有一幅虛老所撰的對聯：「誰云有道有禪，任汝雨寶彌空，總是鬼家活計，這裡無棒無喝，不妨拈草作藥，坐令天下太平。」其上方有一方匾額，寫著「五葉流芳」，龕中供的是佛像，龕前是虛雲老和尚的一張大照片。

虛老的法像為什麼都是蓄髮留鬚的呢？明向法師告訴我，那是因為他每到一處荒廢的道場，都會發願在重建未成之前，不剃鬚髮。而在他的晚年，幾乎都在修復道場，一個道場接著另外一個道場，這就是他老人家悲心大願的表徵。他也常常勉勵著說：「水月道場處處要建，空花佛事時時要做。」為了個人，出家人是可以日中一食、樹下一宿的，行住坐臥，處處是道場。但是為了安僧接眾，成熟眾生，莊嚴國土，培養僧才，淨化人間，還是需要建立寺院，興辦弘化事業。可見虛雲老和尚不是為了自己而建寺院，而是為了法門、為了眾生才受苦受難的。

在雲門事件中所講到的「侍者法雲」，就是後來輾轉逃出大陸，現已定居美國紐約華埠的報恩寺住持，直到現在他還餘悸猶存，怎麼說也不敢回去大陸探訪。現在我手上，也有一位旅美居士以高價收購，捐贈給東初禪寺一份虛雲老和尚親手所寫的一些有關雲門事件的資料，不過目前還不宜公開發表。我曾把這份資料拿去請教法雲法師，看是否是出於虛雲老和尚的親筆，他說應該是的，雖然有一、兩件不像虛老的字跡，但是有虛老的簽名，應該也算是出於虛老之口。

目前的雲門山，常住眾有九十位，男眾佛學院的學僧二百多位，女眾佛學院的尼僧八十多人。當天我們只看到男眾部的學僧，女眾部在距離男眾部不遠的另一座寺院裡。他們分成幾個班級，有專門的律學班、教理班、讀誦班、禪修班等；禪修班的學生每天要坐十支香。原則上學生只有農忙時需要出坡，其他時間都在上課。寺前的一大片農田，通常就是由住眾下田耕作的，一如虛雲老和尚的時代，是過著農禪並重的生活。

雲門佛學院在佛源長老的開拓下，從一九九二年以來，都是採用叢林化的傳統和現代化的設備，並結合制度化的管理，教學水準不斷提高。現在他們有電腦、視聽圖書館等設備，還有《龍藏》二部、《大正藏》一部、其他的圖書近萬冊。他們開設的課程有：佛法概論、佛教史、《百法》、《八識》、戒律、學禪初要、《童蒙止觀》、禪宗大意、成佛之道、《遺教經》、天台宗綱要、《三論玄義》、《起信論》、《金剛經》、《六祖壇經》、《圓覺經》，以及叢林規範、古代漢語、寫作、書法、唱念等。

這一所寺院，是由五代時期的文偃禪師（八六四—九四九年）於後唐的莊宗同

大覺禪寺的祖堂

光元年（九二三年）開創的，距今已有一千零七十九年的歷史。最初名為「光泰禪院」，稍後改為「證真禪寺」，宋太祖乾德元年（九六三年），南漢王劉龑將此寺改名為「大覺禪寺」，一直沿用至今。因其地處雲門山下，所以俗稱「雲門寺」。

文偃禪師是雪峰義存的弟子，德山宣鑒的法孫，是屬於青原行思、石頭希遷的法脈，中間隔著天皇道悟、龍潭崇信。因為他非常傑出，所以開出雲門一宗，而與臨濟、曹洞、法眼、溈仰，並稱為「一花開五葉」的五家之一；再加上由臨濟宗發展出的黃龍、楊岐，通稱為五家七宗。

可惜，他開創的雲門宗後來中斷了。他的遺著有一部《雲門匡真禪師廣錄》三卷，其中有許多膾灸人口的禪語，例如：「雲門一寶」、「雲門露字」、「雲門乾屎橛」、「雲門餬餅」，以及「雲門好日」等。而直到今天，還常有人引用的「日日是好日」一句禪語，就是出於雲門文偃禪師的語錄。有關文偃禪師開悟的經過以及他重要的語錄，可參閱我編的《禪門驪珠集》第二五四頁到二五八頁。

因為當地的地名叫作乳源，所以該寺祖堂也有一個「法乳源流」的匾額，兩柱的對聯寫的則是：「文殊大智人天共仰；偃祖高風緇素同欽。」根據《虛雲和尚年譜》說，民國三十三年，虛老一〇五歲（一九四四年）項下的記載：

一日適李主任濟深、李主席漢魂抵寺，談及雲門事。旋李主席先後出巡乳源，道經雲門，見大覺禪寺之殘破，有如昔日之南華，乃邀同地方名流緇素，請重興祖庭，諾之。遂將南華職務，交弟子復仁住持，由李濟深、李漢魂、鄒洪諸公，送至雲門駐錫，重荷中興艱巨，時民國三十二年癸未十二月也。（予知南華將有事，暗中將六祖及憨山真身運至雲門，徐將法寶亦運至此。）初抵寺，殘屋頹垣，淪於榛莽，惟祖殿尚存，亦岌岌矣。乃居於觀音堂之後一陋室

參觀大覺禪寺的沙盤模型

中，計畫重修事宜。

可知六祖和憨山大師的全身舍利，曾經從南華運到雲門，可是當時的雲門已經非常荒蕪，僅剩的祖殿，也是岌岌可危。可是現在我們看到的祖殿卻已經煥然一新，文偃祖師的坐像和畫像都供在龕內，相當莊嚴。

在這裡我照例要禮拜祖師恩澤，可是當我禮拜的時候，因為沒有拜墊，明向法師急忙找了一個蒲團給我。而我告訴他說，五體投地禮，本來就是不該有拜墊，所以我對歷代祖師禮拜之時，都是不用拜具和拜墊的，因此明向以及陪著我訪問的明生，這兩位年輕的法師也跟著我在方磚地上，對著文偃禪師的坐像頂禮三拜。禮拜過後，一行人就在寺內參觀，經過「一日兩影池」，並且也觀覽了雲門山大覺禪寺的沙盤模型，看來相當雄偉而廣大。

離開乳源的雲門山，行車四個小時，就到了湖南的郴州市。一進入湖南省境內，就發現沿路磚造民居的屋檐有一種特色，不管是一層樓或二層樓的屋檐下方，都加出了一、二尺寬的雨披，在雨披的外沿，則有一條承雨的水溝，雨水就沿著房子的兩側，順著牆角流下。這樣風就不會將從屋檐流下的雨水吹入門窗，灌進屋內；而人從門戶進出，也不至於被傾瀉而下的雨水淋到。這可以說是湖南人的智慧，也值得外省人學習。

當晚我們投宿的是郴州國際大酒店，用過晚餐已經是晚上十時。這一天除了參訪兩個重點寺院，又乘車八個多小時，大家也都非常累了。可是我還是召見了分享組的幾位成員，把徐偉初、曠湘霞、史蒂華、何美頤、許薰瑩、鄭玫玲、周淑貞等人，請到我的房間，討論往後的幾場晚會，如何集中一個主題來進行。因為三日晚上的「相見歡」晚會，雖然是滿熱鬧的，但是焦點不明確，比較鬆散。

當我沐浴就寢之時，已經將近午夜十二時了。

七、壽比南山的祝聖寺

十月五日，星期六。風雨交加。

大雨已經下了一早上，我們從風雨中經過湘江進入衡山市區，看見到處都在張燈結彩，各種氣球、紙紮做的龍獅燈籠以及花卉等，非常地熱鬧。最初我還以為，這是為了我們的到達訪問而張燈結彩，心中覺得似乎有些誇張。後來經過詢問，才知道是為了當地正在舉辦的一項文化節活動。可惜風強雨大，把那些熱鬧的布置物，吹得七倒八歪，東飄西盪，甚至有一些氣球和彩球都被狂風撕裂了、吹斷了，反而成為街上的交通障礙物了。

凡是要去南嶽衡山，必須要在衡山市換乘中型巴士，因為當時外邊還在下著大雨，我的侍者和隨身的幾位居士，怕我淋到雨、吹到風，建議我把臺灣帶去的雨衣、雨鞋、雨帽，全部穿戴上身。結果當我下車的時候，看見來迎接我的湖南省宗教局局長和衡山市的幾位比丘、比丘尼法師，以及當地黨、政等官員最多只是打了

祝聖寺的三門為九樓三洞的牌樓

傘，有的還若無其事地淋著雨，使我覺得非常不好意思。因此在換車之後，我馬上把這些雨具脫下了，往後的行程中，再也沒有用過它們了。

過了市區之後，我們便抵達南嶽衡山，大三門上邊懸著「南嶽衡山」四個字，另外還懸著一幅紅底白字的布條，表示熱烈歡迎我們。進入南嶽衡山三門不久，在山腳下的緩坡上，就是南嶽「祝聖寺」的大門。這座寺門很有特色，它是九樓三洞的一座牌樓，上有十三幅石砌和鑲嵌的石頭浮雕圖案。它的三個門洞，很像半圓拱型的城門，在它的門額上方嵌著白底金色石刻的「祝聖寺」三個大字。門柱的兩側掛著兩塊牌子，右邊是「南嶽佛教協會」，左邊則是「南嶽佛教協會居士學修委員會」。

過了大門，我們便進入天王殿。通常天王殿正面朝外的，是供奉彌勒菩薩坐像，其背後則是韋馱菩薩像。可是這裡比較特別，以關聖帝君像取代韋馱菩薩像。因為民間傳說關老爺成聖之後，就成了把守南天門的天神，而南嶽衡山頂上，真有一座南天門。另外寺內還有兩個特色，一個是南嶽聖君殿，當中供著南嶽聖君像，實際上這就是南嶽衡山的山神。又因為民間傳說衡山就是長壽山，也就是壽星山，譬如中國人在祝壽時常說的「壽比南山」的南山，就是指的南嶽衡山。所以寺內還有一座藥師殿，當中供著藥師佛像，聽說非常靈驗，有很多人為了求延壽、求消災，都到這座藥師像前去祈禱發願。

至於為什麼要把這座寺院稱作祝聖寺，除了和把南嶽當作長壽山的信仰有關，和清朝康熙皇帝也有關係。據說這座寺廟原來是夏朝以治水著稱的大禹所修建的「清冷宮」，本來是祀奉舜帝。後來到唐朝時，專修彌陀淨土的承遠大師（七一二—八〇二年）在這裡創建了佛教寺院，改稱為「彌陀台寺」。此寺在唐武宗滅佛時（八四五年）被毀，到五代十國時，楚王加以修復，改名為「報國寺」。在宋徽宗時代，一度改為道教的宮觀，名為「神霄宮」。沒有多久，復原為佛教道場，改名為「勝業寺」。然後在清朝康熙四十四年（一七〇五年），湖南巡撫趙申喬，因聽說皇帝要到南方巡視，便大興土木，把這座寺院擴建成了一座規模宏大的皇帝行宮。後來因為康熙沒有來，才復原為佛教道場，名為「祝聖寺」，而這就和祝禱康熙皇帝的皇業能夠千秋萬世的信仰有關了。

祝聖寺方丈惟正法師帶領作者參觀寺內殿堂

這座寺院的開創者——承遠大師，他被近代中國淨土宗人尊稱為蓮宗第三祖。他是在荊州玉泉寺出家，在南嶽衡山受具足戒，後來又到廣州隨慈愍三藏（六八〇—

七四八年）學習淨土宗，成為慈愍派的傳承者。到了衡山之後，創建彌陀台寺，教人專念彌陀，被稱為彌陀和尚；提倡五會念佛的法照法師，即是他的弟子。

從歷史上看，祝聖寺的人才並不很多，雍正之後，該寺有名的住持，先後有淡遠、前參、佛格、法明、道階，進入民國時代以後，則有空也、靈濤（一八八四—一九五一年）等人。跟我熟悉的是在新政府成立後離開大陸，經過香港，落腳臺灣，創建了臺北松山寺的道安法師。他離開大陸之前，也曾擔任過南嶽祝聖寺的方丈，現任祝聖寺方丈惟正，曾經是他的學生。還有兩位法師也跟著道安法師，離開祝聖寺到了臺灣，那就是繼承松山寺住持的靈根法師，以及後來還俗而改名為張曼濤的青松法師。他們三位，不是我的長輩就是我的好友，也曾從他們口中聽到不少有關南嶽祝聖寺的故事。所以我見到了惟正法師也有很多的話可談，不論是談淨土與禪，以及民間信仰，或是與師友們有關的故事，因此頗有一見如故之感。

我們在他的客堂用茶，互贈禮物，分別致詞之後，他便帶我參觀寺內的殿堂。文革期間，祝聖寺的僧人被趕出寺門，佛像、經書、法器也都蕩然無存，幸虧殿堂保存得還很完整。到一九八一年交還給南嶽佛教協會，由國家撥款進行全面修復，一九八五年五月，舉行了隆重的佛像開光典禮。

祝聖寺方丈惟與惟正法師在「淨土人間」匾額下合影

祝聖寺的建築，在一條中軸線上，依次是天王殿、大雄寶殿、說法堂樓上的藏經閣，以及方丈室，一共四進。東廂有客房、齋堂、香積廚、藥師殿、庫房、祖堂；西廂有禪堂、客堂、羅漢堂，以及南嶽聖君殿、僧舍、招待所等。

我除了在祖堂禮拜承遠大師的塑像外，讓我印象最深刻的是佛源長老在此住過的房間。在門楣上方，懸著一塊由趙樸初居士所寫「惟正率兩序僧眾敬賀」的一塊匾額，上款寫的是「上佛下源大和尚退關榮居」；重要的是，由右至左黑底金色「淨土人間」四個大字，正好和我分贈給各寺院方丈的「人間淨土」四字匾額，有異曲同工之妙。

從這塊匾額可知道，佛源大和尚是祝聖寺的前任方丈。而趙樸初居士讚揚承遠大師的淨土法門，並也提出淨土應該在人間建設的主張。由此可見，人間淨土的思想雖原出於太虛大師的提倡，但他在當時因限於現實的狀況而沒有辦法推展，可是到了今天，已有足夠的空間來思考以及推廣這種理念。

我不知道今天大陸的佛教界對「淨土人間」或者是「人間淨土」的設施，有沒有一套具體的方案。但是我們法鼓山經過了二十年的努力，已經漸漸找出了一條相當明確而可走的路來，那就是從「心靈環保」推展出心靈、禮儀、生活、自然四種環保，然後用禪修的方法和觀念，推出大學院、大普化、大關懷三大教育的淨化事業。因為在此處看到了這樣的四個字，使我感覺到大陸的佛教，將來是很有希望的，不一定要我去推動這個理念，大陸已經朝著這個方向在思考、在努力了。

八、南嶽名享中日兩國

在中國的地名大辭典裡，衡山是中國的五嶽之一。其他四嶽是東嶽泰山、西嶽華山、北嶽恆山、中嶽嵩山。中國的儒、釋、道三家，都和五嶽有很密切的關係，所以在許多武俠小說裡，都會把五嶽列為五大武林門派。根據《古今圖書集成》〈山川典〉第一六三卷所引用《南嶽記》的記載說，其山盤繞八百里，高四千一十丈，有七十二峰、十洞、十五巖、三十八泉、二十五溪、九池、九潭、九井，東南臨湘川，遙望如陣雲，沿湘千里，九向九背，乃不復見。第一六四卷又說，山中的寺廟很多，包括上封寺、衡嶽寺、福嚴寺等七十六寺；還有馬祖庵、鐵佛庵、兜率庵等三十八庵；其他尚有書院、堂、精舍、院、山房、別墅、庭、樓、閣、林、觀、宮等許多的景物建築。

根據最近衡山海風出版社所發行的《南嶽衡山》一書介紹，在衡山旅遊景點上能看到的寺院和道院的建築物，從山下起，有天下南嶽牌坊、祝聖寺、南嶽廟（又稱為南嶽大廟）、黃庭觀、南台寺、忠烈祠、三生塔、福嚴寺、磨鏡台、玄都觀、鄴侯書院、鐵佛寺、竹林道院、湘南寺、南天門、祖師殿、廣濟寺、高台寺、上封寺、方廣寺、藏經殿等。由此可見，衡山的宗教是以佛教最盛，道教居次。對佛教來說，除了前面「祝聖寺」一章中，所講的承遠大師與南嶽相關外，天台宗二祖慧思、禪宗七祖懷讓，以及石頭希遷，都和南嶽有很深的淵源。

所以不論是禪宗的五家七宗，乃至天台宗、淨土宗，也都把南嶽當成祖庭來看，就是東瀛日本的天台、臨濟、曹洞三宗，也把南嶽看作是他們的祖庭。因為日本的天台宗和禪宗，就是從中國傳去的。後來日本天台宗又發展出好多支派，尤其是新興的佛教教派，多半與天台宗的源流有關，這包括日蓮宗在內。日本禪宗至今為止還有臨濟和曹洞兩系，臨濟宗的源頭跟七祖懷讓有關，曹洞宗則跟石頭希遷有關。

其中最特別的是日本推古天皇時代（五九二—六二八年），被稱為「上宮皇太子菩薩」的聖德太子，據他自己說，他是南嶽慧思禪師的轉世。在他的傳記中，就有這樣的記載：

其南嶽靈應甚多，百嶺相隈，千巖盤鬱，楨松仙桂，亙嶺侵雲，其嶺崇迴，人莫窺尋。五通僊府，十仙窟宅，儒生輻湊，玄侶雲集，常有五千僧修道。

該傳中又說到一項三生石的神蹟，據說山中有千年的梨樹，如果開花結果，表示有聖人來到此處；當慧思來到衡山修道時，梨樹便開花結實，於是在那邊豎了一塊石頭做為紀念；等他圓寂後，第二生復來此處，這棵老梨樹再度開花結實，又再立一石做為紀念；第三生時，他就到了東方無佛法處的日本，化人度物，而這就是聖德太子。到現在為止，日本人還是把聖德太子當成是第一位讓佛法在日本興隆起來的菩薩，因此日本佛教界，也把南嶽當成他們佛教源流的所在。

慧思禪師的三生石，現在位於般若台的佛殿之前，屬南台寺所管，稱為「三生塔」。然而《佛祖統紀》卷六的記載，與日本所傳略異。謂慧思曾在南嶽三次捨身之後，第四生才是慧思。

因為曾經有皇帝把祝聖寺改為道觀，以致後來南嶽的佛寺，可以有道士掛單，而道觀之中也可有僧人掛單。目前南嶽佛教協會的副會長懷泉法師，就是大廟西八寺的住持，但是我們沒有時間去訪問。這位年輕的副會長告訴我說，大廟共有十六寺，東八寺屬道教，西八寺屬佛教；也就是說，一個大廟有十六個房頭，佛、道二教，各管一半，而且彼此相處融洽，所謂釋道一家，就是南嶽的特色。

九、懷讓磨鏡台・石頭南台寺

我們離開祝聖寺後，就盤旋上路，因為下著大雨，能見度很低。途經一個很大的水潭，好像是山中的湖泊，青山綠水，離塵樸實，真像是人間仙境。

我們的目的地是磨鏡台，它位於祝融峰南的擲鉢峰下，海拔六百多公尺，是因南嶽懷讓和馬祖道一師徒之間，所發生的故事而得名。磨鏡台的後方，有七祖懷讓的墓塔。

所謂磨鏡的公案，是因為馬祖道一成天在他的草庵中打坐，南嶽懷讓問他為什麼要打坐？馬祖回答是為了成佛。懷讓就撿了一塊磚頭在草庵對面的石頭上，成天的磨了起來。最後終於引起馬祖的好奇，問他磨磚頭做什麼？懷讓回答磨磚做鏡。馬祖又問磨磚豈能成鏡？懷讓反問，磨磚不能成鏡，坐禪豈能成佛？接著又給馬祖說了一個譬喻：「牛拉車，車子不走，是打牛呢？還是打車？」馬祖聽了頓時大悟徹底，隨侍懷讓十年後，才離開南嶽到了江西的洪州，也就是現在的南昌，開創了

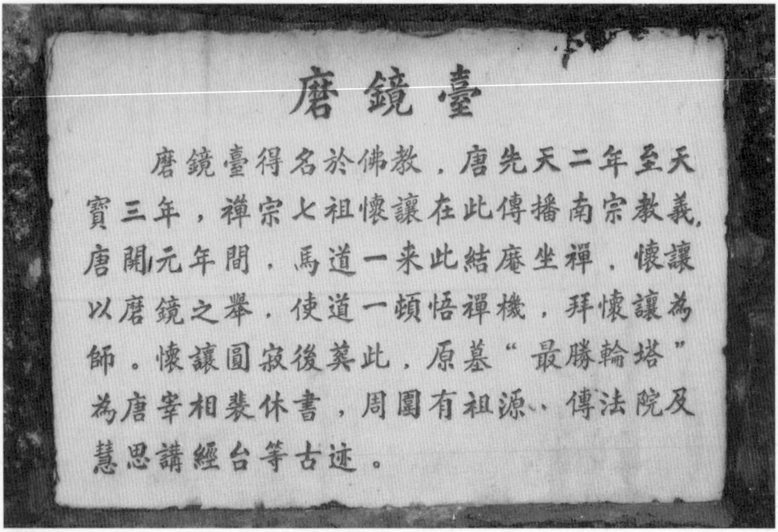
磨鏡臺
磨鏡臺得名於佛教．唐先天二年至天寶三年，禪宗七祖懷讓在此傳播南宗教義，唐開元年間．馬道一来此結庵坐禪．懷讓以磨鏡之舉．使道一頓悟禪機，拜懷讓為師。懷讓圓寂後葬此．原墓“最勝輪塔”為唐宰相裴休書，周圍有祖源、傳法院及慧思講經台等古迹。
磨鏡台因馬祖道一與南嶽懷讓兩位禪師的公案而得名

洪州宗風。由此可見，磨鏡台既然跟第七祖懷讓、第八祖道一有密切的關係，當然是南宗禪的發祥地了。

因為需要爬二〇六級的石礅，而由於我年紀大了，旅行社的人員怕我淋雨吹風會害病，所以把我直接送到磨鏡台賓館接待室，那也就是當年馬祖的草庵所在。而巡禮團的部分團員，倒是真正的冒雨上了磨鏡台，也禮拜了馬祖大師塔。由於事前未告知我，使我失去親臨磨鏡台的勝緣，也未拜到懷讓塔，當我知道之後，只好自責年老無福。如果他們事先告訴我，不論如何，祖塔是一定要拜的，何況大家都能去，為什麼我不能？畢竟是年紀老了，讓弟子們可憐。

我所休息的磨鏡台賓館，已有四十多年歷史，目前雖然有些老舊，特別是在風雨交加之中，更感覺到有一些陰寒潮濕，但這裡曾接待過中共中央的許多政要，包括陶鑄、陳毅、華國鋒、胡耀邦、喬石、朱鎔基、胡錦濤。我的房門上就標示著曾經招待過胡耀邦，而我對面的房間，則曾是胡錦濤的休息室。

午餐之後，我們在風雨中離開了磨鏡台，登車前往瑞應峰下的南台禪寺。據說此寺建於梁武帝天監年間（五〇二—五一九年）。根據該寺寺志所載，在其南側左邊有一座石台，曾有一名海印和尚，在那邊結庵修行，所以叫作南台。到目前為止，那邊的岩壁上，還清晰可見「南台寺」三個大字，下面刻有「梁天監年建」五個小字，石塊的右邊則有「沙門海印」四個字。此寺和中國禪宗的關係，是始於唐玄宗天寶年間（七四二—七五六年），石頭希遷來到此處，以石為台，結庵而居，所以世稱為「石頭和尚」。希遷曾經在此撰有〈草庵歌〉及〈參同契〉，他是用道家魏伯陽所撰道書的書名，來融貫道家的思想，闡說佛教的義理。他圓寂之後，肉身就葬於南台寺的下方，由他的法嗣開創出曹洞、雲門、法眼三宗。禪宗所謂一花五葉，除了臨濟、溈仰兩派是出於懷讓之下，其他三派都出於希遷的一脈，可見他對中國禪宗的影響之大，是難以形容的。

與南台寺方丈寶曇法師討論，讓希遷禪師肉身回歸中國的想法。

直到現在為止，日本的曹洞宗，還承認南台寺是他們的祖庭之一，而在日本曹洞宗系的僧侶，幾乎每天以讀誦希遷的〈參同契〉做為恆課，因此日本曹洞宗對於石頭希遷是非常尊敬的。目前在他們位於橫濱市鶴見的大本山總持寺，就供有石頭希遷的全身舍利。我在日本留學期間，曾經和道安老法師一起努力，希望把希遷的肉身請回中國。可惜當時因為大陸和臺灣的政治問題，不知道該把這尊肉身請回臺灣還是送回南嶽，結果不了了之。那一尊肉身據說是在二次世界大戰期間，有一位日本醫生把他當成木乃伊從事科學研究，而從中國大陸搬回了日本，保存在一座醫院的陳列室裡，還有文字說明他是中國石頭和尚的遺體。

這次我到南台寺見到該寺現年七十七歲的方丈寶曇法師時，還談到希遷肉身回歸中國的構想。他說這不是件容易的事，雖然名為石頭和尚，卻不能證明就是希遷本人，所以遲遲無法把他請回南台寺。但是我說，不管如何，這尊肉身總是中國的石頭和尚，他不是日本人，應該還給中國。如果不是希遷的肉身，日本曹洞宗的總持寺為什麼要收藏供養他？我相信總有一天，這個問題可以解決，讓歷史文物回到原處，中國的文物回到中國。

不過，若從希遷的史傳資料考查，在《宋高僧傳》卷九及《景德傳燈錄》卷十四的石頭希遷傳中，只記載著於唐德宗貞元六年（七九〇年）圓寂，時年九十一歲，門人建塔於東嶺；塔成三十載，於長慶年間（八二一—八二四年）國子監博士劉軻，為之追撰碑記，敕謚無際大師號。並未見到有肉身舍利的事蹟可尋。

現存的南台寺，是清朝光緒年間澹雲和尚在此修建的。經過十多年的時間，主要的殿堂有三門、院牆、廂房、雲水堂、祖堂、禪堂、關帝殿、大殿等。我在他們的祖堂喝茶，交換紀念品，和方丈交談之間，發現在我們談話處的上方，有一塊匾額和一條紅布，紅布條寫的是「西天東土歷代祖師位」，匾額上則是「大力長老」四個大字，從下款中可以看到「光緒三十年，澹雲老和尚繼起鳩工庀材大興營葺」

等字，上款則是「南古台寺梁天監中守安禪師所建」字樣。由此可知，這座寺院的規模及其歷史的梗概。

有關希遷的語錄文獻，可參閱我編的《禪門驪珠集》以及《禪門修證指要》。他與當時的馬祖道一分別並稱為湖南、江西禪宗的二大士。故於《景德傳燈錄》卷十四有云：「江西主大寂（馬祖謚號），湖南主石頭，往來憧憧並湊二大士之門矣！」禪門稱參學訪師為「走江湖」，典故即出於此處所指的江西及湖南了。至於希遷的悟境如何，在《景德傳燈錄》卷十四，記載著如下的幾句話：

師一日上堂曰：吾之法門，先佛傳授，不論禪定精進，唯達佛之知見，即心即佛。心佛眾生，菩提煩惱，名異體一。汝等當知，自己心靈，體離斷常，性非垢淨，湛然圓滿，凡聖齊同，應用無方，離心意識。三界六道，唯自心現，水月鏡像，豈有生滅，汝能知之，無所不備。

另外還有許多公案，例如：「我不會佛法」、「誰縛汝？誰垢汝？」、「問取露柱」、「一物亦無」、「長空不礙白雲飛」、問「如何是禪？」他說是「碌磚」、問「如何是道？」他說是「木頭」。這些都是機鋒，即是為了直指人心，明心見性而設的方便權巧。

一〇、天台及禪宗的祖庭福嚴寺

離開南台寺，登車前往距離一公里處的福嚴寺，該寺現任住持是年僅三十三歲的大岳法師，他帶著住眾和信眾在三門口迎接我們。這個三門相當簡單，只是一樓兩柱一門，門楣上的匾額寫著「天下法院」四個字。兩側的楹聯各為四字，分別是「六朝古剎」、「七祖道場」。所謂六朝古剎是指這座寺院建於陳朝臨海王光大元年（五六七年），是慧思禪師進入南嶽時，初建的般若寺，又名為般若禪林。後來到了唐玄宗開元年間（七一三—七四一年），禪宗第七祖懷讓禪師來到南嶽後便駐錫於此，故名七祖道場。他和馬祖道一磨鏡的公案，也發生在這個階段，而當時馬祖的落腳處，即名「傳法院」，故有「天下法院」之稱。這就開門見山地告訴我們，此寺和禪宗及天台宗的關係。

至於為什麼稱為「福嚴寺」？據說北宋太平興國年間（九七六—九八四年），有一位福嚴和尚來到此處，增修寺院，種植杉木十萬株，因此更名為福嚴寺，而

福嚴寺簡單樸素的三門

沿用迄今。到目前為止，該寺的建築物有大殿、法堂、雲水堂、齋堂、祖堂、方丈室，還有一個屬於南嶽特色的「嶽神殿」；據說當初是慧思禪師向嶽神借來這一塊地，寺成之後，就有了這座嶽神殿。

像今天這樣的規模，據說是從清朝同治年間（一八六二—一八七四年），由朝廷重修的，然後一直保存到今天為止。寺院範圍雖然不大，但是也有五進，第一進是三門，第二進客堂，第三進嶽神殿，第四進大雄寶殿，第五進說法堂。因為是依山而建，占地面積約二千六百平方公尺，建築物分成幾個梯次拾階而上。後面的祖堂和大殿之間，距離相當近，似乎只有一線間隔，卻有高低兩個落差。在門楣上掛著一塊金字匾額，寫著「五葉流芳」四個大字，可見福嚴寺既和南嶽懷讓有關，又與石頭希遷有關，他們兩人和南嶽都有很深的淵源。而希遷的南台寺距離福嚴寺也只有短短的一段山路，把它們說成相關也不無道理。寺內年代最久的紀念物，應該是右側門外的一棵古銀杏樹，樹幹直徑有一點七公尺，枝葉已歷無數次的枯榮，現在還是生機勃勃。據說那是慧思禪師親手所植，已有一千四百三十多年的樹齡了。

慧思禪師親植的銀杏樹，樹齡高達一千四百三十多年。

大岳法師雖然年輕，卻寫了一手好字，為了我的到訪，他特地花了好幾個小時，用大楷毛筆，長幅宣紙，寫了一卷《心經》相贈，筆筆工整，已有相當的火候。因為他喜歡寫字，也要我獻醜留下幾個字，只好當場揮毫寫了「二諦融通」四個大字。可是因為是在旅途中，體力不濟，手腕無力，寫出來的字真不像字。

關於慧思禪師在南嶽的狀況，因為我的碩士論文就是研究他的著作《大乘止觀法門》，所以對他的生平和思想也曾經做過研究。在他寫的《立誓願文》中，說

福嚴寺方丈大岳法師（中）特贈手寫的《心經》

自己是生於大魏國南豫州汝陽郡武津縣，十五歲出家之後，五年之間專誦《法華經》，後來遇到慧文禪師，秉授禪法，晝夜研磨，不敢懈怠，因此得力而開悟。

在《佛祖統紀》卷六，對於慧思禪師也有這樣的記載：

> 晝則驅馳僧事，夜則坐禪達旦。始三七日，初發少靜，觀見一生善惡業相。轉復勇猛，禪障忽起，四肢緩弱，身不隨心，即自觀察：我今病者，皆從業生，業由心起，本無外境，反見心源，業非可得。遂動八觸，發根

本禪，因見三生行道之迹。夏竟受歲，將欲上堂，乃慼歎曰：「昔佛在世，九旬究滿證道者多，吾今虛受法歲，內愧深矣。」將放身倚壁，豁然大悟法華三昧。自是之後，所未聞經，不疑自解。

從這一段記載，我們可以看到他修行的過程。白天他為常住僧團的事務而忙碌，晚上則整夜打坐，每天如此，經過二十一天，就見到了自己一生善惡的種種造作現象。接著繼續用功，就發生了禪病的障礙，以致身不隨心，然後就觀他自己的病障，都是從業而生，業是由心而起；反過來觀看心的源頭，心亡業消，就得了根本禪。他是從定中看到他自己在南嶽修行三生的往事；在本書第八章，敘述慧思事蹟時，所說「三生石」及「三生塔」的故事，根源即出於此。就這樣過了一個結夏安居，他發覺自己沒有真正地悟道，覺得非常慚愧；這個念頭起了以後，他就把身體靠著牆壁，忽然大悟，而得法華三昧。

慧思禪師的毅力、願力，是非常值得我們學習的，尤其是他「晝則驅馳僧事，夜則坐禪達旦」，終於悟入三昧，最使我服膺。

我本人雖然沒有辦法跟慧思禪師相比，但是我一生多病，業障很重，生來就是個勞碌命。我從禪修得到一個入處，是在軍中工作非常吃重的時候。無分白天、夜晚，每天二十四小時都要分三班來輪流值班。當時我身體多病，工作又忙，卻仍舊每天抽空看經、拜佛、打坐，全心投入，鍥而不捨。因此，當我讀到慧思禪師的這一段記事，很是受用。我的宗教經驗，並不是在山裡閉關才發生的；我的學佛基礎，也不是到了東京留學才建立起來的，這也就是我為什麼會說「忙人時間最多，勤勞健康最好」這兩句話的原因了。

從慧思禪師的經歷來看，他在開悟之後，就展開了行化的工作，從河南的兗州、湖北的郢州，又到了河南的光州，天台智者大師就是在光州的大蘇山親近他的。當他有了進入法華三昧的修證經驗之後，聲望遠聞，從學之徒雲集而至。所謂名大招嫉，妒其德望而妄加謗難的事件，也多了起來。但他總是百折不撓地設法度過難關。一直到了陳朝臨海王光大二年（五六八年），慧思禪師五十四歲時的六月二十二日，才初入南嶽衡山。

前面說到慧思禪師是光大元年初到衡山的，但是根據我對資料的查考，應該是光大二年比較正確。有關這項記載的文獻，我見到共有七種，其中四種是說光大二年，兩種是說光大元年，一種說是光大六年，這個「六」字可能是「元」字的筆誤。也可以說，主張光大二年的有四種資料，主張光大元年的只有三種資料。慧思禪師在南嶽住了十年，古來各家的定說，都說他是六十三歲在陳宣帝的太建九年（五七七年）圓寂於南嶽的，由於中國歲數和年代的習慣算法，是頭尾都計算的。以此推算，應該還是光大二年為正確。

這次我親自到了南嶽的福嚴寺，慧思禪師雖然離開人世已經一千四百二十五年了，他所遺留的文物，除了三生塔和古銀杏可供我們憑弔之外，只有那個自然環境，能使我們溫習一下當年慧思禪師在這裡行道、弘化、度眾生的悲心弘願。而像他這麼一位在歷史上有大影響力的禪師，也不以為已經超凡入聖，當他的弟子智顗問他：「所證是十地耶？」他說：「吾一生望入銅輪（相當於天台圓教的十住位），以領徒太早，損己益他，但居鐵輪耳（相當於天台的六根清淨位，即是圓教的十信位）。」（見於《佛祖統紀》卷六）

從以上所見，也使得我們非常地感動。他把他的修證果位，很清楚地告訴我們，他不僅未進入十地，也未進入初地，僅相當於天台圓教的十信位、別教的三賢位。在天台的六即佛之中，屬於相似即，也就是說，他尚是凡夫，未入聖位。由於他的慈悲心切，自己得到一些佛法利益之後，馬上就去弘法利生，所以叫作「損己益他」，這也就是「不為自己求安樂，但願眾生得離苦」的大菩提心。此對我們，具有很大的啟發。雖然在他四十四歲那一年所寫的《立誓願文》中，主張：「應常念本願，捨諸有為事，名聞及利養，乃至惡弟子，內外悉應捨。」又說：「若不自證，何能度人？先學已證，然後得行，自求道果。」那是因為在他三十九歲時，遇到有人在他們的食物中下了劇毒，他自己吃了之後，害了一場大病，經過七天幾乎死去，而向十方諸佛懺悔，念「般若波羅蜜多」，才得不死。而其他三人吃了殘食，全都死了。而下毒的人，就是聽他講「摩訶衍義」的其中五人。所以要說：「具足神通力，可化眾生耳。」只緣他無神通力，所以度化不了這些人。

總之，慧思禪師對中國佛教的影響很大，除因他的著作豐富，修證踏實外，在他一生中所培養的名德法匠，有史可稽者就超過十人，可見他是一位勤於弘化的一代大師。而其中最著名的，莫過於天台宗的大成者——智顗禪師。

一、長沙市的麓山寺

十月六日，星期日。

昨天晚上參訪完福嚴寺，已經是下午四時三十分了，經過三個小時車程，才抵達湖南的省會長沙市，住進了五星級的神農大酒店。本來今天預定要去參訪溈山的密印寺，但是因為它距離長沙市有四個小時的車程，所以就取消了。同時也因為連日來的行程非常緊密，再加上十月五日整天都在下雨刮風，因此團員之中有很多人都著了涼，所以有人建議今天的行程，從原定的溈山改為麓山。選擇麓山主要是因為麓山寺的方丈聖輝法師，是湖南省佛教協會的會長，也是現任中國佛教協會常務副會長；更重要的是，多年來我在大陸、臺灣、聯合國，很多地方都和他見過面，已不僅是點頭之交的朋友了。而且因為他也兼任福建廈門南普陀寺的方丈，所以非常地忙碌，現在為了接待我們特地趕到長沙，豈能不去呢？

此寺歷來的稱呼有「岳麓寺」、「慧光寺」、「鹿苑寺」、「萬壽寺」等。

它位於長沙市湘江西岸的岳麓碧虛山中，寺前是清風峽，是南嶽七十二峰之一，海拔二九五點七公尺。麓山寺的歷史記錄始見於《佛祖統紀》卷三十六，西晉武帝泰始四年（二六八年）條下說：「沙門竺法崇，至湘州麓山，廟神請授淨戒，舍廟為寺。」可見此寺應為湖南佛教的發源地。

至隋、唐、五代之世，麓山寺曾經有許多文學家拜訪，寫詩吟唱，傳誦千古，包括杜甫、劉長卿、韓愈、宋之問等；因此以麓山寺做為題材的詩文相當多，留下的詩篇和詩集也不少。其中以杜甫所寫的〈岳麓山道林二寺行〉一詩最為著名。因為麓山寺文風很盛，有它傳統的精神，所以歷代都有幾位詩僧的名字被留傳下來。在我的印象中，湖南人都很有文才，滿腹經綸，出口成章，下筆千言，倚馬可待，湖南真是個人文薈萃之地。

而在第八世紀時，該寺曾經出了一位大乘和尚，他曾經和從印度到西藏的蓮花戒辯論，雖在西藏史上說大乘和尚辯論失敗，但是從敦煌石窟發現的漢文手抄本《頓悟大乘正理決》中的記載，大乘和尚不但沒有辯論失敗，反而名享西藏，甚至還有西藏人跟他出家。而且直到現在，藏傳佛教所用的大手印修行法門，幾乎和禪宗的頓悟法門一致，應該就是大乘和尚傳到藏地去的。到了明末時代的神宗皇帝，敕名該寺為「萬壽寺」。明末四大師之一的憨山德清，也曾到此寺講過經。

到了一九四九年，該寺和全國其他寺院的命運相同，被強迫改為其他的用途，而文革期間，寺內經、像也全遭破壞。直到一九七八年，中共的三中全會落實了宗教信仰政策，才開始有了改變。

麓山寺信眾沿著山路列隊歡迎

一九八五年該寺成立了寺務管理小組，規畫進行修復，重建了大雄寶殿、彌陀殿、禪堂、講堂，又增建了鐘樓、鼓樓、客寮，而有了現在的面貌。

我們乘坐中型巴士，抵達麓山寺的坡道入口處，就已看到聖輝法師率領全寺的僧眾和尼眾學僧一百多人，以及信眾上千人，列隊於坡道的兩側，一位青年僧，捧著香

麓山寺方丈聖輝法師帶領參觀湖南佛學院圖書館

案，大眾口誦佛號，迎接我們。在我經過之時，這些信眾不僅合掌低頭，甚至也有不少人禮拜在地，我不斷地告訴他們，不用禮拜，連聖輝法師也幫我講不用禮拜，但他們之中要拜的人還是在拜，甚至有不少人流著眼淚，目迎目送，真是令我感動不已。有些老居士的年齡比我還大，看到他們拜在地上，我也真想回拜他們，或者把他們攙扶起來，可是我被帶著往三門走去，連要攙扶他們的餘裕都沒有。這一條道路上，兩旁除了人牆之外，就是參天的古木，連一片枯葉都沒有，真像是到了人間的淨土。

走完坡道，轉了一個彎，就見到一座七樓三洞的牌坊，有些像祝聖寺，古色古香，門楣上是石刻白底藍字的四個篆體字「古麓山寺」。旁邊掛著「湖南省佛教協會」的牌子，這也是一座佛學院，外面懸掛著一長幅的紅布條，以金字寫著「熱烈歡迎聖嚴法師率臺灣古蹟巡禮團來我寺參訪」。穿過天王殿，就到了大雄寶殿前，又看到同樣的一幅紅布條在歡迎我們。

聖輝法師陪著我在大殿禮佛、唱香讚之後，就在殿前對著我們站滿了丹墀的團員，以及該寺的四眾弟子們開示。首先由我說明我和他之間的友誼，而且我叫聖嚴，他叫聖輝，我的師父是江蘇泰縣的東初仁曙，他的師父也是江蘇泰縣的仁德，屬於臨濟宗下同一個支脈，如果說我占他點便宜，那是因為我的年紀大些，我是他的師兄，他是我的師弟；所以到麓山寺，既是來尋根探源，也是來探親的，因為法門相同，彼此都是一家人了。聖輝法師聽了非常歡喜，此後他就不斷地以「我的老師兄」稱呼我，一直到後來去訪問南普陀寺時，他還沒有忘記以此稱呼來向他的信眾們介紹我。

聖輝法師的確是把我當成自己人，不但把信眾介紹給我，也把他們湖南佛學院的男、女二眾學僧都集合起來，請我開示。我鼓勵他們，並且講了一個「鵝王擇乳」的故事，也就是說，聽講的時候要選擇好的、有用的，凡是對自己沒有用的，就不管它；另外又用「道心中有衣食，衣食中無道心」這兩句話勉勵他們。

今天大陸佛教教育的物質環境，雖然不是很富裕，但是比起我當年讀佛學院的時候好得多，相信他們未來都會成為佛門的龍象。

麓山寺的特色，是因為聖輝法師重視教育，經常和海外有接觸，所以有了一個很有內容的閱覽室及圖書館。圖書架上有著我的幾本書，我也當下答應捐贈一套《法鼓全集》供他們的學生參考。同時我也看到在這間開架的圖書館兼閱覽室裡，陳列著國內外幾十種佛教的定期刊物，其中就有我們法鼓山出版的《中華佛學學報》，這比起我當年在靜安寺佛學院的圖書設備，實在豐富得多。有關該寺的史事人物，聖輝法師送我一份電腦打字的〈長沙古麓山寺簡介〉，頗可參考。

我們在該寺的時間比較從容，前後逗留了兩個多小時，才和聖輝法師在三門口，依依不捨地道別。他卻告訴我說傍晚還要見面，因為他是湖南省佛教協會會長，已經約好了當晚要跟湖南省的副省長唐之享等一行官員，到長沙神農大酒店看我。

二二、豪華的神農大酒店

大陸和香港的大旅館都叫作「酒店」，臺灣則稱為「飯店」。最初我到香港和大陸，看到用「酒店」命名的旅館都不敢進去，認為那是專門讓人家喝酒的酒樓。但是，多年來我到香港及大陸，因為是包括僧俗四眾的團體，不方便打擾寺院，所以都住在酒店，聽來覺得慚愧。

這一次到大陸，發現除了一、二個地方的旅館比較老舊，霉味很濃，此外多半是新建的大樓。建築物是新的，設備是新的，而服務的人員，從他們的總經理到各階層的接待人員，也都非常年輕，充滿活力，辦事效率也高。像廣州的花園國際酒店、郴州的國際大酒店、湖南長沙的神農大酒店、南昌的凱萊大酒店、福州的西湖大酒店、廈門的金雁大酒店等，都非常乾淨，水準不亞於國外的任何五星級大飯店。尤其是長沙的神農大酒店，它的歷史和容客量，雖然不及紐約的華爾道夫大飯店（Waldorf Astoria New York），但旅館設備、服務品質，則好過他處的國際大飯店。

我看到當地的報紙報導說，神農大酒店為了接待我們這個團體，特別訓練了二百多位「突擊隊」。而在一千多個房間之中，有兩層樓全部是專門接待國家領導人使用的，稱為「總統套房」。我很慚愧，也被接待安置在這兩層樓內。它每層相當於臺灣的三百坪左右，裡面各種設施都有，包括廚房、餐廳、會議室、會客室、書房、運動房、大浴間、掛衣間、隨從眷屬的大套房，還有隨從官員的各別套房四、五間。每個房間的空間都很大，有現代化的設備，高貴、典雅、舒適，古代帝王住的皇宮也未必有這般好的條件。而且每個房間都有會議廳、會客室，也有堆成小山似的水果、一人高的大盆鮮花。還配屬有五、六位年輕而有禮貌的男女工作人員，日夜在房外輪流值班聽候，隨喚隨到。他們好像就隨時站在你的左右，雖然我並沒有事找他們，但是只要我走到門外，馬上就會有兩位服務人員上前接引。住進這樣的房間，也還真需要他們的幫助，因為我常常到了樓上，就摸不到自己的臥房是在哪裡，當我熟悉了這樣大的環境之時，已經是第二天，也就快要離開了。

住進這樣豪華的套房，還是我生平第一次經驗，但是我並不感到開心，反而覺得罪過，浪費了那麼多的人力和物力。這個安排，不僅我自己事前不知道，就是我們旅行社的人員也沒有想到，在長沙市還有這麼超水準的一座大旅館。

我問了其中一位服務人員，才知道他們每人每天所做的服務工作長達十六個小時之久，也就是說人人都在加班了，這真是使我們過意不去。記得當我第一步跨進這家旅館的接待大廳時，他們的總經理就率領所有經理級人員列隊歡迎。接待大廳內部的上方，有一上一下的兩幅紅布條，上面一幅是寫著「神農大酒店祝各位嘉賓國慶快樂」，因為此時剛過十月一日大陸的建國紀念日；下面一幅則是為了我們來到而掛的，寫著「熱烈歡迎臺灣法鼓山二〇〇二年大陸佛教古蹟巡禮團」。當我們離開時，他們又再一次列隊集合於接待大廳，站了很久，只為等著我們上車，為我們送行。我沒有什麼可以表示的，只得請他們和我合影了一張照片，然後又和總經理單獨合影一張，讓他們留作紀念。

今天上午去了古麓山寺，下午本來是讓大家休息，也讓我好好養神。但是我正好利用這個空檔，分批約見巡禮團中的若干人員，否則這麼大的套房如果不用，這麼多的水果沒有人吃，這麼多的鮮花無人觀賞，實在是滿可惜的。所以請服務人員把水果切了，並且倒上茶水，擺在大會議桌上。

首先接見隨團輔導的三十六位法師，和他們分享這三天來的心得。第二批則再

作者在神農大酒店的套房內，分批接見巡禮團團員。

聖輝法師陪同湖南當地官員們（左起共五人）前來拜訪

次接見分享組的成員，這次增加了張光斗、龔天傑兩位菩薩，一共是九人，討論如何把「一師一門、同心同願」，以及「心五四運動」，在這一次的行程中讓大家充分了解、熟練、運用。第三批接見的人是護法體系臺灣地區的轄區召委，以及各地的召委、委員、會長、團長、隊長，還有海外各地區的負責人，討論如何發動「十萬護持，百萬勸募」的工作，以及認識興建法鼓大學的理念、特色和必要性。在這三批人員之中，只有前兩批是使用會議室，第三批由於人數太多，只好改在大會客廳接見，有的是兩把椅子三個人坐，有的則是席地而坐。

直到下午五時四十分，施建昌提醒我說，會議必須結束，因為湖南省副省長和長沙市副市長，約好下午六時要來拜訪。結果，我們剛把會場中弄亂了的茶几、椅子、沙發恢復原狀，客人就到了我的會客廳前。他們是由聖輝法師陪同而來的副省長唐之享、副市長王中瑞，以及省級市級宗教局、國台辦、統戰部的陳先生、姚先生、劉先生、朱先生等官員，一共六人。我首先向他們致歉，中國人的禮節是坐客不拜訪行客，所以應該由我去拜訪他們，可是由於我們的行程太緊密，不容易排出時間，以致勞駕他們諸位官員趕到旅館看我，真是過意不去。他們卻說，聽到我帶團訪問湖南的佛教古蹟，非常歡喜，所以代表地方來向我表示歡迎之意，同時還送了我幾件禮物。其中最有紀念性的，是用竹簡雕寫的《般若波羅蜜多心經》，鑲在玻璃框中，設計得很有創意。

到了晚上七時，又有兩家當地的媒體記者要求採訪，他們是《瀟湘晨報》和《長沙晚報》的記者，劉勇以及卿永鋒。他們問我來到大陸的印象和感想。我據實回答說，我見到大陸的佛教古寺院漸漸都在恢復，年輕一代的僧侶人才，已能擔當起住持三寶的任務，還有高速公路以及走過的各個城鎮市容，都非常整潔，人民大眾也都很健康，對大陸農村的風光，印象也極為深刻。

當天晚上的感恩晚會，預定八時三十分開始，到十時結束，由龔天傑、許薰瑩兩位菩薩主持。晚會中比較突出的報告人是施淑真、施炳煌、吳宜燁以及他們的老母親，這個佛化家族，結伴上台分享學佛心得。直到十時三十分，晚會還欲罷不能，由於明天一早另有行程，同時旅館的相關服務人員一直站在兩旁聽候，也讓我們十分不忍，所以在我講話及感謝之後，大家就回房休息了。

一三、瀏陽大瑤的石霜寺

十月七日，星期一。

早上八時，我們從長沙市登車出發，經過瀏陽市時已經九點了，十時三十分終於抵達大瑤的金剛鎮。我們在大瑤曾看到了一座相當現代化的公園，導遊人員還特別帶著我們二十輛大巴士在公園環狀道路上，繞了一圈，然後才在金剛鎮停了下來。因為進入石霜寺的鄉村小道，僅容一輛車子通過，而且泥沙路面坑坑洞洞，高低不平，所以我們必須在此處換乘中型巴士。當地為了我們來到，必須有一個可以停下百來輛車子的停車場，所以特別在兩天前趕工，把一大片幾十畝剛收割的稻田填平。在我們到達之時，一眼就可看出那是剛剛填上泥土的臨時停車場，雖已經過夯壓，地面還是相當鬆軟。幸好那天陽光普照，如果下雨，就會泥濘不堪了。我們所有的團員，聽說停車場是臨時為我們填平的，一方面好感動，一方面又覺得好罪過。可是，對當地人來說，能夠有五百人的海外團體，到這個窮鄉僻壤的山林古剎參訪，還是有史以來的第一遭，所以他們倒是非常歡喜。

瀏陽這個地方，是以生產煙火炮竹聞名的。聽說大陸百分之七十以上的鞭炮煙火，都是產於瀏陽，不僅內銷，也向外輸出。我們在大瑤停車場旁邊，沿著山坡，就看到一排排非常整齊的炮竹工廠。由於製造炮竹的火藥容易爆炸而造成意外，所以這些工廠的廠房，都各別建成小小的一間，並在每一間之間，堆起了兩個人頭高的土丘，把彼此阻隔起來，以備某一間發生意外時，不會波及其他各間的廠房。這也形成了當地特有的景色。

從金剛鎮抵達石霜寺，花了一個小時的車程，都是在山邊、農村、稻田之間穿梭前進。一路上已經有警察事先清道，所以沒有行人，倒是在道路兩旁的許多民家，不論大人、小孩、老的、少的、男的、女的，或是排排坐在門前、或是站在屋前、或者佇立路側，好像司令官閱兵，看著我們的車隊通過司令台前，目迎目送，觀賞我們二、三十輛接龍似的車隊。當我們向他們揮手打招呼時，他們也會很高興地向我們打手勢回應，一點也不覺得陌生。這使我想起在我童年的時候，只要看到有人成群結隊地通過我家門口，就會好奇地躲在門內張望。而他們卻能夠大大方方地，像是以看廟會的心情，來看我們進入山區，倒是滿有意思的。不過由於那兒的路況實在太差，而且遍地泥沙，當一、三十輛車子通過之時，捲起一、二丈高的滾滾黃沙，塵土飛揚，連續好幾分鐘。讓這些山村間的鄉民，無緣無故地蒙塵受害，事後在我們團員的心中都感到內疚，真不知道要用什麼方式來彌補這項罪過才好。

在這條路上，兩旁的稻田多半已經收刈，每家農戶的屋前空地，都曬滿了稻穀，有的是直接曬在泥土地上，多半是用長條的竹蓆墊底，我似乎還聞到了稻穀的香味。另外我還發現到，大陸農村不論何處，雖然遍處是稻田和曬穀場，卻不需要像臺灣那樣在田裡插著稻草人，因為這裡一隻麻雀都沒有，也沒有見到其他鳥類的蹤跡。而且這些農家都很慷慨，往往任由他們蓄養的幾隻雞鴨，在曬穀場上肆意地啄食，也沒有人趕走牠們。不像我童年曬穀的時候，除了要趕偷食的麻雀，也要防止雞鴨入侵。

我們抵達石霜寺，已近正午十二時，現任住持是五十一歲的智修法師，已經率領寺內的兩序大眾以及當地的信徒在三門外迎接。因為當地盛產炮竹，所以我們一下車就聽到震耳欲聾的鞭炮聲，連續放了好久，一串接著一串。鞭炮通常是數百響，一千響已經是很多了，在石霜寺門口放的，沒有一萬響，至少也有五千響。它的煙硝瀰漫，不僅到處是火藥味，甚至大三門也被煙霧所籠罩，已看不清門楣上寫的是什麼字。我下車已數分鐘，要求他們下面的鞭炮不要再點了，可是當地的主人卻說，這是他們瀏陽的風俗，對貴賓的駕臨，不放是不行的。還好這是在鄉下的山中，不是在市區，沒有製造噪音妨礙鄰居安寧的問題，倒讓人有一種隆重而喜氣洋洋的感覺。

最後，終於看到了該寺新建的三門，非常莊嚴，門楣上方直寫著「古石霜寺」四個大字，大門的兩側分別寫著「大千世界」及「不二法門」四個字。這座大樓的牌坊很有特色，是七樓三洞八柱，既有古趣，又有新的氣象。在我一抵達後，就有位年輕的法師相當熱誠地緊緊跟著我，說是南洋的繼程法師派他回來接待我的，但他只是該寺清眾，而非執事，他插進來接待，反而成了不得體的麻煩。另外還有從醴陵市來的佳文和欣心兩位法師，見面就供養我三百元人民幣，渴望著我也能去他們的寺院普照，可是我已無法分身了，真是感到抱歉。

我們被迎接到大殿上香禮佛之後，智修法師就在大殿的前面廊下，對著我們的團員以及他們的住眾和信徒，請我上台開示。並且在預先擺好的講桌上，寫著一幅「恭請聖嚴大和尚開示」的標示牌，同時也陳列著一本我的著作，這是在大陸用簡體字發行的《禪的體驗》。在禪宗的祖庭放著我的一本教人如何體驗禪修的書，我把它高舉起來讓大家看到，並先請智修法師為我們介紹石霜寺。

然後我告訴大家，這個道場和我們也是很有關係的。該寺先由石霜慶諸禪師建於唐僖宗（八七三—八八八年）時代，後來慈明楚圓禪師（九八〇—一〇四〇年）也曾在石霜寺傳法，他的法嗣門人有楊岐方會、黃龍慧南。而我們現在的臨濟宗，就是從楊岐方會這個系統下來的，既得法於石霜寺，所以這裡也是我們的祖庭。由楊岐方會傳白雲守端，再傳五祖法演，再傳圜悟克勤，下面就是大慧宗杲。我們今天所用的話頭禪，主要就是創於大慧宗杲。

最有意思的是，石霜寺的開山祖師慶諸禪師，也曾探訪過溈山靈祐、道吾宗智，同時也受到洞山良价的賞識，因此中、日兩國的禪宗都把石霜寺視為祖庭。而我們到此處巡禮，顯得相當重要。該寺好像也特別為我們的來到，把寺內打掃得乾乾淨淨之外，拜墊上也都新加了一層黃色織綿的面套。還動員了一百多位信眾和當地的民眾，為我們張羅了一頓午餐。由於沒有足夠大的齋堂，所以就分成兩批，分布在殿堂的走廊，讓我們過午。而我和我的幾位隨侍，則被請到他們的客廳，由智修法師陪同用齋。

午齋後在客廳贈送禮物給智修法師，他卻要求我為該寺題字，而且已經準備好筆墨紙硯。我問他要我寫些什麼，他說希望我寫「唐石霜崇勝禪寺」幾個字。接著他就陪我參觀該寺的慶諸祖師塔，並且禮拜了祖堂的歷代諸祖塑像，其中包括慶諸、楚圓、方會、黃龍，以及虛雲和尚等，那些塑像都是文革以後的作品。他又帶我到後院，見到二十多塊歷代的碑碣，還有傳說是慶諸禪師手植的古松柏、古銀杏，樹齡均已有一千多年；其中一棵銀杏相當特別，它的主幹已被焚燒一空，但地面的根部，又長出了許多枝幹，形成了一棵大樹。傳說此樹在某次法難期間已經枯死，可是等寺院重建以後，古樹又復活了。

巡禮團在石霜寺用餐

陳設簡單而寬敞的禪堂

據說在民國時代，石霜寺尚有農田一百一十二畝，到民國三十七年（一九四八年），該寺還曾開壇傳戒，僧俗雲集，達千餘人。隨著歷史沿革，已不復盛況。智修法師一九八一年出家時，來到該寺慘澹經營，把廟產田地陸續買回，破損的房舍、殿堂逐年修復。現在該寺生活依然非常地清苦，參觀他的方丈寮，臥室中除了一張小木床，幾乎是家徒四壁。

但目前該寺的建築，已很具規模，在中軸線上為三門、大雄寶殿、大悲閣；東邊廂房的直排為雲水堂，橫排為客堂、庫房、大寮、齋堂、祖堂；西邊廂房直排為華嚴閣，橫排為禪堂、關聖殿、僧寮、方丈等。

當我參觀他們的禪堂時，智修法師告訴我說，當年慶諸禪師居住石霜寺三十載，追隨的僧眾上千人，其中八百人一心參禪，長坐不臥，屹若株杌，被人稱作「枯木禪」，名聲遠揚，得到當時帝王推崇。唐僖宗派人賜他紫衣，他堅辭不受，後為之修建寺院，由裴休監造，賜名「崇勝禪林」。智修方丈為什麼叫我題寫「唐石霜崇勝禪寺」，便是因為唐僖宗最早敕名該寺為崇勝禪林。而禪堂原來的匾額就是「枯木禪」三字，所以我又回到了他的客廳，寫了這三個大字。但是由於旅途中太累，中午也沒休息，寫得歪歪倒倒，不像是字。

我們離開石霜寺時，已是下午三時，然後再回到大瑤金剛鎮，換乘大巴士，進入江西省，經過萍鄉，抵達宜春的旅館，已是晚上七時多，匆匆用過晚餐，分成兩處投宿。在全程中，這個晚上的住宿環境比較起來是最差的，我住的房間，地氈臭味很濃，床鋪潮濕陰寒，相信其他的房間也好不了多少。所以在晚餐後我特別對著集合在旅館門外的團員大眾，說了幾句勉勵的話，希望大家不要因為一天的勞累，加上晚上住宿的環境不好而起煩惱。只要把它當作行腳的生活體驗，就不生分別心了。

一四、青原山的淨居寺

十月八日，星期二。

我們早上七時三十分在宜春的旅館前上車，往吉安市的方向出發。經過約三個半小時的車程，便抵達了青原山莊。這個旅館相當老舊，在等待住房的時間，我被帶到一個會議室，雖然有大片的玻璃牆，但是沒有窗，透光而不透風，好像是把我塞進了一個密閉的玻璃瓶內，馬上讓我有窒息的感覺。我便逃到他們的後院，那兒雖很雜亂，總還能夠呼吸到新鮮空氣。後來他們的服務人員，給了我一個位於二樓，而且可前後通風的房間，在那兒草草用了午餐，就被我的侍者催促著下樓，說是淨居寺的方丈和尚本來不願見客，現在情商好了，已經在等候，要我們趕快過去。

淨居寺就在青原山莊大門前面的左手方向，因為它的位置是在吉安市南郊八公里處的緩坡上。所以，我們此時所在之地，已是海拔三百多公尺。淨居寺的三門牌坊題額，「祖關」兩個大字，據說是由顏真卿所寫的。門框的兩旁各有兩行對聯，

淨居寺三門的「祖關」二字，傳為顏真卿所書。

右邊的第一行是「周昭王甲寅年佛生西域」，第二行是「漢明帝夢金人法傳東土」；左邊的第一行是「達摩西來一字無，全憑心地用工夫」，第二行則是「若能紙上尋了道，筆尖沾乾洞庭湖」。牌樓是新起的，這兩幅對聯也是新做的，我們走到此處，並沒有看到任何出家眾迎接我們。再走了一百多公尺，才看到了第二道牌樓，門楣上有「青原山」三個大字，據說是宋朝文天祥所書。在門的左右又看到三幅對聯，門洞兩側的一幅小對聯寫著「到這裡不許你七顛八倒；過此門莫管他五眼六通」，向外有一幅大的對聯寫著「胸中無所得，漫倚安隱

淨居寺方丈體光長老親自接待

漫青原；塵外不相關，幾閱桑田幾滄海」，最外側的一幅對聯則寫著「大道無私，玄機妙悟傳燈錄；因緣有份，勝地同登選佛場」。

就在這座牌坊的門檻內側，現年八十一歲的方丈體光長老，由三十多歲的監院演嗣法師和另外三位比丘侍伴，一律穿著黑色海青，在那兒等候，另外也有幾百位信眾排列在兩側，迎接我們。和其他道場不同之處，他們沒有穿黃海青和捧香案，因為此處保持古叢林的家風，不對外開放應酬，沒有香客遊客，主要重視的是苦修。不過在第一進的天王殿前，還是懸掛了一幅歡迎我們的紅布條，上面寫著「歡迎法鼓山大陸佛教古蹟巡禮團蒞臨青原山」。

把我們引上大殿禮佛之後，老和尚送了我們一幅好大的「佛」字。然後我請他為我們團員開示，他說沒有什麼好講的，因此我就拿起麥克風，向團員們介紹老和尚，以及關於青原山的歷史，說明這是禪宗第七祖行思禪師禪法源流的祖庭。我一講到禪法源流，體光老和尚就非常有興趣，就有話可講了，大聲講幾句後又不講了；我再繼續講了幾句之後，他又大聲接腔。就這樣一唱一和，本來他沒話講的，結果卻講了不少開示。

而且他是從雲居山真如禪寺請來的，曾經擔任過虛雲老和尚多年的侍者。所以當我提起我也是虛老的法裔時，他顯得有些興奮，後來我希望到他的方丈寮談談，想不到要爬幾十級的陡坡，才到達丈室。畢竟他的年事已高，體力不繼，被他的監院扶到方丈寮之後，就坐在椅子上，再也沒有力氣跟我講話了，我內心對他感到有些愧疚。其實此時我也很累，只有牽著他的手，兩人相對無言。

他的方丈寮，設備非常簡陋，不論是他坐的椅子和用的毛巾，都很陳舊，方丈寮裡除了兩張椅子，一張小桌，一個棕櫚編的蒲團，只有在正中牆上掛著一幅達摩畫像，和一幅對聯：「慧海湧潮音；定相證明月。」這種簡樸的修行方式，就是古代方丈的生活芳範。也就是說，寺院中的佛殿，必須莊嚴，住宿之處，應該簡樸。

後來我對他說想看看他寺院的環境，只要由監院相陪就好，結果監院也留在丈室照顧老和尚，而由一位曾經擔任過吉安市宗教局長的康信立居士，陪我到後山拜了祖塔以及參觀了寺內的環境。直到我們離寺為止，也只有一位知客師代表出來向我打一聲招呼。

那位康居士非常地熱心，對寺內各殿堂，也很清楚。後山的祖師塔，據說是唐玄宗敕建的，名為「七祖弘濟禪師歸真之塔」。現在看到的是一座有內塔及外塔的雙重塔，也就是為了保護原來的祖塔，再建了一座塔的外殼，外層塔就是現在的體光方丈所建。在外塔的門楣上用木匾寫著「七祖塔」三個字，此匾已有破裂的痕跡，看起來好像久歷風霜。外塔內部僅能容一、二人進入繞塔

方丈的生活簡單樸實

作者禮敬七祖塔五十六位祖師

經行，內塔案前，分別寫著兩個告示牌「順繞」、「止語」。這個塔有個特色，它是密檐七層六角，每一層每一面塔門的位置，都畫著禪宗歷代諸祖像，共有五十六位。我也沒有時間仔細去看，究竟是哪五十六位祖師，就地頂禮三拜，順繞三匝之後，便離開了塔院。後來在他們的僧眾住宿區和大寮的庭院之中，看到一棵樹齡已有一千兩百多年的羅漢松，有三人合抱這麼粗的樹幹，羅漢松長得很慢，能長到這麼高大，的確不易。

現在的淨居寺依山而建，四周都是樹林，環境相當幽靜。主要的建築物有天王殿、大雄寶殿、毘盧殿，以及禪堂、客堂、方丈、祖堂、齋堂、僧寮等。在祖堂進門的兩側，有一幅對聯是：「創業唯艱，今日勿忘前日德；立基匪易，先人只望後人賢。」客堂進門的兩側則寫著一幅對聯：「客塵易伏，家賊難防，各自謹守；堂

作者在淨居寺的大雄寶殿前

前掃淨，賓主相見，去送來迎。」禪堂也有一幅對聯是：「禪闡宗風法門不二；堂開覺路妙諦宜參。」此外值得讓我們注意的是在客堂的門側，另有一幅告示，寫著兩行字：「道無冠巾艾瓢，僧無衣缽戒牒」者，不得請求掛單依止。這告訴了我們兩個訊息，第一是佛教的道場是允許道士來掛單的；第二則是掛單道士須有冠巾艾瓢，掛單僧侶應該要衣缽戒牒俱全。

青原山據說在漢朝張道陵時代，就把它當作天下三百六十五座名山之一。而淨居寺始建於唐玄宗開元年間。因為禪宗第七祖行思禪師，出生在江西的吉安，當時稱為吉州，所以行思禪師在未出家時，就已經到過青原山。他在六祖惠能大師座下開悟之後，又回到青原山，開元二十八年（七四〇年）圓寂於此。他在山中究竟住了多少年？他的壽數究竟是幾歲？已無可考。不過根據傳記資料，知道他在淨居寺開筵弘禪期間，是在六祖惠能圓寂之後。石頭希遷及荷澤神會兩位大師，都曾先後向他參訪而受益，所以青原山在當時就是南方禪宗的一大重鎮。可是不知什麼原因，在此之後，有關淨居寺的歷史資料就找不到了。幸好有顏真卿、文天祥、黃庭堅等歷史名人的題字題詩，留下了蛛絲馬跡的文獻，其他則不得而知。

文化大革命以後，該寺殿宇所剩無幾，至一九七八年，才開始修復的工作，並請體光法師擔任方丈。從天王殿前有趙樸初居士寫的「淨居寺」三個大字的匾額來看，該寺的恢復和趙樸老應該有關，而體光老和尚經過二十來年的慘澹經營，已經有了現在這樣的規模，也是功德無量。但他修建淨居寺的心境，一如他在一九九六年，門樓竣工之後，在大門左側圓洞窗的石碑上所刻的八句話，那八句話即是：「菩提無發而發，佛道無求而求，妙用無行而行，奧智無作而作。建立水月道場，修習空華萬行，降服鏡像魔軍，大作夢中佛事。」和虛雲老和尚「水月道場處處要建，空花佛事時時要做」，有異曲同工之妙。

一五、洪州宗的本道場佑民寺

我們離開青原山已經是下午二時三十分，驅車前往江西省的省會南昌市，一直到了下午六時，才進入市區。雖然天色已漸漸地黑了，但我們還有一站需要訪問，那就是在市中心的馬祖道場——佑民寺。

據說，本來這座寺院的土地面積相當廣大，但是現在大多已經被畫為市區的公園，很難再收歸寺院所有。以致寺前周遭，都沒有停車的位置。因此當我們的車隊抵達之時，指揮交通的人員頓時手忙腳亂起來，附近許多市民也不知道發生了什麼事，只聽到有一些人指揮著幾十輛大巴士的吆喝之聲。

好不容易把車停妥，我們列隊進入佑民寺的三門，門上懸掛著一幅紅布條，寫著「歡迎臺灣法鼓山大陸佛教古蹟巡禮團」。一位才三十多歲的年輕方丈純一法師，穿黃海青，搭紅祖衣，率領全寺的僧眾和信眾於三門口迎接我們，並由二位侍者捧香爐、拈香、獻花，禮節相當隆重。純一法師是現任中國佛教協會會長一誠長老的弟子，當天下午一誠長老原準備親自陪著他的弟子來迎接我，由於我們遲到太久，他臨時又得到通知，要出席另一個重要會議，所以特地囑咐他的弟子向我致意。

這位年輕方丈是蘇州靈巖山佛學院畢業的，曾擔任過北京《法音》雜誌的主編。《法音》是文革之後的新編雜誌，現已成為大陸最具全國性、代表性，以及權威性的佛教刊物。而我有兩本書曾在那本雜誌上先後連載過，一本是《戒律學綱要》，早已成為大陸佛學院採用的課本；第二本則是《學佛群疑》，也已成為大陸普遍接引大眾學佛的入門書。所以當我向團員們介紹這位方丈和尚時，也特別對他表示感謝之意。

接著我請他向我們介紹馬祖道一禪師，他說馬祖道一禪師生於四川，是在湖南南嶽的懷讓禪師座下開悟，後來到江西南昌的佑民寺來大弘禪法。所謂「一匹馬駒踏死天下人」，就是形容馬祖在佑民寺的法緣極其殊勝，弟子眾多，其中開大悟的就有一百三十九人。因為當時的南昌名為洪州，所以後人就稱馬祖這一派系為「洪州宗」。

之後他邀請我們的法師和領隊的居士，到他們的講堂喝茶。這座講堂可以容納一百多人開會，每張桌上都已擺好水果和茶水，講台上也備妥現代化的麥克風，

致贈「人間淨土」匾額予佑民寺住持純一法師

準備得非常周全。首先他向該寺的弟子和我們的團員詳細介紹我的生平，這讓我們感到相當驚訝，後來他才老實告訴我們，他是從法鼓山的網站上載錄下來的。想不到這位年輕的法師，已經相當現代化了，不過這也是此行中唯一的例子。同時我也發現就在這座講堂裡，我和他兩人座位背後的上方，掛著一幅背景圖，用漢文及韓文寫著「馬祖及其洪州宗國際學術研討會」。那表示最近佑民寺曾經和韓國的佛教團體，舉辦過一次與馬祖相關的學術討論會，怪不得這位方丈有國際的視野和氣度了。

由於天色已經很晚了，我們在該寺僅大略參觀了幾個殿堂，就告辭了。

從資料中得知，該寺初建於梁武帝太清元年（五四七年），因為供有一尊大佛，初名為「大佛寺」，唐朝開元年間，改為「開元寺」，而馬祖道一則是在唐代宗大曆年間（七六六—七七九年）住到開元寺來的。在此期間，有一位連帥路嗣恭，十分傾慕馬祖的高德，故前來親近，而受洪州宗旨。於是一時學禪之士，四方雲集，宗風大興。當時他的門下出了很多法將，眾所周知的就有西堂智藏、百丈懷海、南泉普願等人。他的禪法，最膾炙人口的就是「即心即佛」、「非心非佛」、「平常心是道」等等，這部分可參閱我所編的《禪門修證指要》。

該寺到了宋真宗咸平年間，改名「承天寺」；宋徽宗政和年間，改為「能仁寺」；明景帝的景泰年間，改成「永寧寺」；清順治年間，則名為「佑清寺」；到了民國十八年（一九二九年），又改為「佑民寺」，而此名便一直沿用迄今。

現在寺內有一座阿彌陀佛接引銅像，高一丈六尺，重三萬六千斤，那是清朝仁宗嘉慶年間所鑄。這在南昌是相當有名的，民間一直到現在還傳說著這樣的一句話：「南昌窮是窮，還有三萬六千斤銅。」我也在這尊佛像之前頂禮瞻仰。另外，據說在該寺的鐘樓上，懸有一口大銅鐘，高二點三公尺，周長四點七公尺，重達五千多公斤，也是值得一睹。但是因為天已黑了，我們並沒有去參觀。

一六、佑民寺的制度規約

雖然到佑民寺時已經天黑，有很多景點無法參觀，但我最重視的其實是他們寺內懸掛著的各種制度規約，對於我們在大陸之外的道場，很有參考的價值，現在抄錄其中六項如下：

（一）漢傳佛教寺廟共住規約通則：

佛制戒律，祖立清規，旨在防非止惡、安身進道、光大法門、造福社會，本此精神，訂立共住規約，全寺上下均須遵守。

1.全寺僧眾，必須遵守憲法和法律，執行有關政策，愛國愛教，以寺為家，勤修三學，恪遵六和。

2.住持依選賢制度產生，任期三至五年，連選可連任，防私相授受。

3.住持、班首、執事，均應忠于職守，盡職盡責，愛護常住，關心大眾，任勞任怨，廉潔奉公。如有玩忽職守，居職謀私，經批評、教育，不改者，免其職務。

4.全寺上下，均須謹遵佛制，戒行清淨，僧儀整肅，犯根本大戒者，不共住。

5.早晚課誦，二時齋供，坐禪聽講，集體勞動，除按寺廟規矩，可以不隨眾的僧人外，因病因事，均應請假。無故缺席者，應批評、教育，屢教不改者，不共住。

6.尊師重教，恭敬耆德，服從執事安排，遵守殿堂秩序。違者應視情節輕重，給予教育、批評，或記過。

7.挑撥是非，破和合僧者，應及時批評、教育，情節嚴重而又屢教不改者，不共住。

8.打架鬥毆，惡口相罵，侵損偷竊常住或私人財物者，進行嚴肅批評、教育，對侵損偷竊的財物，須照價賠償，情節嚴重，觸犯刑律者，寺廟除名後，依法處理。

9.全寺僧眾，均需僧裝整齊，及時剃除鬚髮，清淨素食，禁止飲酒（藥用除外）、賭博、看淫穢書刊。如有不遵，經批評、教育而屢教不改者，不共住。

10.外出未經請假，夜不歸宿，經教育不改者，不共住。

11.私自化緣募捐，或向香客遊人索要錢物者，視情節輕重，予以處理，不服者，不共住。

12.寺院竹木花卉茶果，均應愛護培植，不得私自砍伐、採摘，自用或做人情，違者，進行批評、教育，照價賠償。

13.師友親朋來寺，經主管執事同意，方可留膳宿。

14.保持殿堂莊嚴，環境清淨，僧房整潔。保護寺廟文物，注意防火防盜。遵規守戒，一視同仁，同居大眾，各宜珍重。

中國佛教協會

一九八九年五月三十日

（二）佑民寺庫房規約：

愛惜常住物，如護眼中珠，十方信施之物，屬十方僧眾所有，私盜一物，便結無量罪，三世因果，善惡報應，絲毫不爽。看管庫房諸師，必生敬畏，清正廉潔，勤加護理，方為福基。

庫房堂口，核心工作，是善理物業、管理寺業、關係道場命脈，監院、會計、出納、庫頭，工作猶如僧眾股肱，祖庭脊梁，務須廉潔奉公，明因識果，不得疏忽大意，漫不經心。若嚴重失職者，兩序公議，報住持處分，若一貫忠于職守者，給予獎勵。

有關財務收支，切須遵守，既訂佑民寺財務管理制度，不得違犯差錯，嚴重違犯者，處分同上。

各處庫房，各類器物，須盤點登記，具錄清單保管。責任者與監院，各執一份存照，保管人員失職者，全額賠償。

保管責任者，與庫頭師，須對採購的器物用品，及副食品，必須照發票驗收簽字，隨即登記入庫，不得錯漏。

對庫存諸物，副食品等，必須勤加檢視。防止食物霉爛變質，不得將霉爛變質的食品供眾。

凡需借用寺廟財物的常住僧眾，必須出具借條，經住持與監院准許，限期歸還。如有遺失或損壞，責令進行賠償。

保管責任者及庫頭師，對各處庫房（庫房器物用品及各色副食品等），務須勤加護理，保持庫房整潔衛生。存放諸物，須妥善保管，嚴禁收存易燃物

佑民寺常住

等危險品。

（三）衣鉢寮規約：

衣鉢寮事，乃內輔監院外執衣鉢，掌理常住莊嚴法器財物等事。故惟老誠者為之。立心端謹，遇事通融，庶幾上和下睦，輕浮之人，切不可用，所有寮規七條，當熟記之。

1. 莊嚴法器，出入清楚登記，失記者罰。

2. 銀錢出入，隨登帳目，若有錯誤不清者罰。

3. 果品食物、愛惜收藏，清潔奉客，私食者罰。

4. 住持外出，方丈內更須留心照應，有誤者罰。

5. 客至方丈，所設某事，著小老請知客查明，事白監院定奪，或需茶點飯食，見機以待，每逢禮物香敬，不可私開，違者罰。

6. 同寮及行者須嚴正處之，不得嬉戲，違者罰。

7. 客房用物，或用或藏，不得損壞，違者罰。

（四）客堂日常事務：

1.辦理普佛供品，布施僧物等佛事手續。

2.辦理食宿登記與安單手續。

3.辦理建寺、塑佛像、修塔、印經等捐助手續。

4.辦理佛菩薩聖誕等重大法會的咨詢與登記。

5.三皈五戒手續，請客堂派專人登記。

6.來訪客人，必須先由客堂接待，重要事務，須向當家方丈稟報。

7.介紹本寺歷史，引見本寺方丈，講解有關佛教教義等方面知識。

佑民寺客堂

（五）常住人員請假制度：

為加強寺廟的人事管理，四大班首、八大執事，各居其位，各司其責。全體清眾，應積極配合。使馬祖道場，佛日增輝，常住興隆。為此，特制定請假制度如下：

全寺僧眾，包括受聘在家工作人員，出入須到客堂請假銷假。

清眾請假半天至兩天之內的，必須先寫好請假條，到客堂請假，知客師批准簽字後方可外出，半天之內的，可以不寫請假條，但必須徵得知客師點頭允許，方可外出。

超過三天的，寫好請假條，由值班知客師帶往丈室請假，住持和尚批准簽字後，再將假條交予知客師留作存根後，方可外出。

請假時間一天以上的重要執事，須到丈室請假，所司職責和未了工作，交待清楚，辦理臨時移交手續後，方可離寺。

一月之內，請假時間，累計不超過三天；一年之內，不得超過二十天。客堂自備請假登記表，以便查閱。

年底月底總結，根據請假情況，於崗位津貼上予以獎罰。

南昌市佑民寺

（六）財務制度概略：

本寺根據叢林規約的精神，和國家有關財會通則和準則，特制定財會制度如下：

財務核算，依我國《財務通則和會計準則》規定的會計科目，進行核算。

重新調換會計與出納的兩枚銀行印鑑章，實行分人管理，現已執行。由會計負責掌管財務專用章，出納管理法人名章。

為了加強票據的管理，本寺財務科特設票據管理員一名，專門負責票據的發放工作，並按實際情況，配合會計人員，分階段驗收所發放的票據，必須由會計人員加蓋財務專用章，方可生效。具體開票人員，由常住統一，按排登記日常各項法務，及大型法會，開票員從票據專管處領取，以作收款時使用。

所有支出單據，應填製報銷憑證，應有經辦人、證明人，及本寺住持的簽字，方可有效發放單資，及勞務福利等。自製會計憑證，應由各部門主管造表，會計部門審核，交住持簽發後，到財務部門領取發放。

財務支出，實行住持一支筆管理，無住持簽字的單據，不得作為支出，住持離寺時間較長，授權專人代簽。

財務部門應每月提交財務報告，給本寺住持提供當月收支情況。

財務人員分工如下：1.會計人員：監督財務收支，管理財務專用章，進行會計核算，及時準確完整地提供會計信息，協助出納做好日常收支工作。2.出納人員：管理法人代表的名章，做好現金銀行存款的收支工作，並登記現金日記帳和銀行存款日記帳，做到帳實相符，協助會計做好日常核算。3.出納必須按時到銀行領取對帳單，交會計對帳，會計須於每月收到對帳單後，及時做好當月報表，交本寺住持。4.出納收到現金時，必須當面給施主開出收據，並將現金及時存入銀行。5.出納須採取備用金制度，金額為五千元，不足時需徵得住持同意方可會計處蓋章，然後到銀行支取，此外，專項開支需由各項寫出申購單交住持批准後，專項支取現金。6.財務人員要不斷提高專業水平，即時發現問題，做到日清月結。

嚴格功德箱的管理，每箱兩把鎖，由兩人掌管鑰匙，定期統一開啟清點。金庫有錢時，需派三人以上專人值班，清點款項時，由專人坐在金庫外門，做為守門員。進入金庫時，需三人以上，並有守門員，陪同察看。

凡在財務上有借款的常住眾和聘用人員，在起單或離開本寺前，如有欠款，必須到財務室結清後方可離開。

以上各條，望財務人員嚴格執行，常住大眾積極配合。

佑民寺常住

二〇〇〇年七月三十日

一七、洞山的普利禪寺

十月九日，星期三。天晴。

昨天晚上住進南昌市的凱萊大酒店，已經很晚了，晚餐和沐浴更衣之後，已是晚上十一時。今天早上五時三十分起床，六時早餐，七時登上中型巴士，向宜豐縣出發。本來預定三個半小時的車程，由於路況不佳，結果顛簸搖擺地行駛了四個多小時，一路上都好像是在洗衣板上彈跳著前進，很少有兩分鐘的時間能讓我們平穩的休息，彷彿隨時都有可能被拋出座位一樣。我在車上想要喝杯水都很困難，剛把杯子湊到口邊，又被搖晃開了，偶爾喝上半口，也很容易從杯口溢出而濺在身上。

從宜豐進入洞山，還有半個多小時的車程，到了山麓，尚需徒步登山二十至三十分鐘，這也是我們這一趟行程中，需要步行最長的一段路。不過比起我們過去到峨嵋山與九華山的經驗，這就不算什麼了。我們在山下，就見到有三、四位比丘在那兒迎接，最初以為就是洞山的人，但是其中一位三十多歲的法師告訴我說，他名字叫弘化，是當地佛教協會會長，代表宜豐佛教界歡迎我們，接著便一路陪著和扶著我登上洞山。

至於為什麼號稱洞山？因為它是屬於宜豐縣同安鄉的洞山村。雖然入山之後並沒有見到洞，但是因為沿路都是行走在峽谷之中，通風不良，光線不足，樹蔭很密，所以也有點像是穿過洞窟的感覺。不過在山中，沿著山溪，溯流而上，路徑很窄，只容一人，最多兩人並肩而行，不僅是車輛無法進出，就是揹著、扛著、挑著東西進入山區，也不能是太長條、太大件的。我真不知道歷代興建和重建這座寺院的建築材料，是怎麼運上山去的。例如有一處叫作「晝開夜合」的石門處，就相當地狹小。

在登山路上，最讓我嚮往的，就是使得洞山良价禪師悟道的那條溪流。當年他來到洞山，就在涉水過溪的時候，忽然從水面上見到了自己的影子，因此開悟，而寫下了一首開悟詩。那就是：

切忌從他覓，迢迢與我疎；我今獨自往，處處得逢渠。
渠今正是我，我今不是渠；應須恁麼會，方得契如如。

洞山的「晝開夜合」石門

這在禪宗的公案中，是非常有名的一項文獻。因此到了宋哲宗紹聖五年（一〇九八年），就在這條溪面上，用石材建了一座精美的「逢渠橋」。現在我們看到的逢渠橋，已經是後代重新整修的，在橋面上加建了欄杆和亭子，因此下雨天也可以在那邊躲雨了。可是橋下的溪中，現在已長滿了雜草，雖然有水，流量也不大，即便我特別站到橋下的水面附近，也無法看到自己的身影。當然，現在任何人就是看到了影子也不會開悟的，那是由於當時的良价禪師，已經連續參訪了南泉普願、溈山靈祐，以及靈巖曇成，後來又見了魯祖寶雲、南源道明等諸大善知識，恰巧這個時候，上了洞山，過水之時才會大悟的。至於他涉水而過處，是不是逢渠橋這個位置，不得而知，也似乎並不重要，不過這個公案，是相當讓我們後人懷念的。

當我們通過了山徑之後，眼前忽然開朗，那是一片很大的盆地，四周環繞著山峰和茂林翠竹，殿堂的修復已有相當的規模。許多的在家信眾正燃放鞭炮，穿海青、搭縵衣，列隊迎接我們。有的合掌念佛，有的或站或跪，有的甚至流著感動的眼淚。在這樣的荒山野嶺，有這麼多的信徒，真不容易，以此也可以想見，現任住持妙忠長老的感化力了。而當地的居民，或者是尋幽覽勝的遊客，他們雖沒有披衣列隊，但也都是群聚在大殿走廊的兩側，熱烈地歡迎我們。

在逢渠橋上遙想當年洞山良价禪師悟道情景

該寺的出家眾很少，可是

也有好多位年輕的比丘，捧著香案，搭衣迎接。妙忠長老也是著黃海青、搭紅祖衣，掛著大串的念珠，以大禮在三門樓前迎接。

那是一座新起的牌樓，在門楣上有「曹洞祖庭」四個大金字。進門以後，看到另一個門上，也寫著「曹洞祖庭」四個字。接著在寺內是左右一前一後排列著兩棟佛殿，在左殿前方的一棵羅漢樹，據說是良价禪師手植的，樹齡已有一千多年。傳說他在種這棵樹時，曾經說了這樣的四句話：「長長三尺餘，鬱鬱覆青草，不知何代人，得見此松老。」此樹的枝幹形狀相當特別，樹身已經不見樹皮，千虬百結、混身長著樹瘤，它的頂端枝葉，還是很有活力。這次到大陸所參訪的寺院，多半總有一、兩棵，千百年來沒有被砍伐的古樹。

在進入大殿的途中，曾經有人告訴我說，這一位妙忠長老的行事作風，頗不同於常人，是一位神異僧及苦行僧，夜間不倒單，白天的飲食無定時、無定量，舉止言行，偶爾也會讓人驚訝。意思是要我留心，不要弄得不好會挨妙忠老和尚的訶斥。對這樣有密行的高僧，我是非常尊敬的，所以客隨主便，進了三門之後，他叫我做什麼我就做什麼，要我說什麼我就說什麼，一切遵照他的意思，如果還會挨罵，表示我有福報。

從我們預先得到的資料可知，妙忠老和尚現年是九十六歲，四川人，曾經在九華山住過很久。後來被趙樸初居士請到北京的廣濟寺，擔任一個殿堂的殿主。如果是這樣，我在北京，應該也曾和他見過面。但是這次他告訴我，他已經一百三十五歲。可是從背後看，好像只有四、五十歲，因為他頭髮一根也沒有白，即使正面看他，大概也只有六十歲上下，所以當我把他介紹給我們的團員大眾時，幾乎每個人都張開了口，大吃一驚。其實這就是奇人異僧，不能用常情常理來衡量他的。

受到普利禪寺方丈妙忠長老熱情接待

從他的閱歷來說，應該至少是八、九十歲的人了，但是我還是相信他自己說的。其實九十六歲也好，一百三十五歲也好，並沒有什麼意義，主要的是這所普利禪寺，在文革之前就已經破爛得無人居住，文革之後換了幾位住持，也沒有辦法把它復興起來，而他來了才五年，就已經把這座破舊不堪的古寺，整建得頗具規模。雖然採用的材料和建築的工法，跟其他已經恢復的古道場比起來，覺得有些單薄，但這也絕對不是常人能及的。

接著我們請妙忠長老給大眾開示，之後就在寺內過午。難得的是，竟然有一、二百人幫忙招待我們，雖無齋堂餐桌，還是用了一餐還不算差的午餐。先是便當，不夠的還煮了很多的麵，口味相當不錯。我和法師們是有餐桌的，菜式、菜味也都很好。妙忠長老來和我打了個招呼，說是要去佛前上供，就由那幾位年輕比丘陪我。

該寺到目前，留下的古蹟已經不多，洞山禪師的塔和歷代祖師的塔群，算是唯一可以憑弔的遺蹟了。午齋過後，有人問我要不要去禮拜良价祖師的舍利塔，我說這對我是最重要的一樁事。有人說路不好走，是在寺院後面的山坡上，我說既然是來拜祖塔，還怕路不好走嗎？其實我是在山中長大的，出家時的狼山是山，臺北的法鼓山是山，美國的象岡也是山，所以對山很有親切感，於是就在弘化法師陪同下，繞道上了寺後的山坡。這時候已經有好多車的團員拜過祖塔正在由坡上往下走，還有許多菩薩陸續往上爬。這條山坡小徑，只能容兩人摩肩而過，大家看到我要上去，上下兩排的菩薩們，只好停下足步，站到小徑外側，合掌讓我通過。走到塔前，我發現它是被許多大樹的樹蔭覆蓋著，不是規模很大的一座石塔，上面的確是寫著良价禪師的名字。石塔前有兩排木板釘製的拜墊，而我是習慣就地禮祖的，這樣一來，也讓我們的信眾團員都跟著在地上禮拜。

在我拜塔右繞之後，有人問我：「洞山良价祖師還在嗎？」我告訴他：「通常都說佛在心中，而普利禪寺禪堂前面的門額上掛著的四個字，是『佛在性中』。祖師在與不在，不是問題，我們能不能體驗到祖師的本心和本性，則是非常重要的。」我又舉出了良价禪師的一段公案，做為回應，茲抄錄如下：

> 游方首謁南泉（普願），值馬祖諱辰修齋。南泉問眾云：「來日設馬祖齋，未審馬祖還來否？」眾皆無對，師（良价）出對云：「待有伴即來。」南泉云：「此子雖後生，甚堪雕琢。」師云：「和尚莫壓良為賤。」

既然洞山曾說馬祖等待有人做伴時，就來享受普願禪師為他所設的齋供。什麼叫作有伴？其實這是雙關語。一個是相對的，一個是絕對的，所謂相對，你心中既然認為有他來的話，那就有，你認為你心中有他，認為他會來，他就會來；所謂絕對，是指無差別的法性和佛性，本身就是空性，只要你能實證空性，那他根本是無來無去，也是如如不動的如來如去。所以我們禮祖，目的是在緬懷祖師，體驗祖師的大悲願心；感恩祖師給我們留下的智慧遺產。當這則公案發生時，良价禪師已經有了悟境，南泉說他「甚堪雕琢」，他則以為自然現成，哪待雕琢，所以反駁南泉是「壓良為賤」。

在這之前，我只知道洞山在江西，卻不知究竟是什麼樣子？是在江西的什麼方位？因為從歷史資料看到，洞山良价禪師是浙江紹興會稽人，而他在唐宣宗大中（八四七—八五九年）末葉，在新豐山提撕學徒，後移住筠州洞山的普利院，盛弘禪法。筠州究竟是在哪裡？我也不曉得。這次到了宜豐的普利禪寺，才曉得當時的筠州就是現在的宜豐。

根據資料可知，這一座普利禪寺，原來名為「廣福寺」，是由良价禪師所創建。後來他在唐懿宗咸通十年（八六九年）圓寂，追諡為「悟本禪師」。他的肉身舍利就葬在洞山廣福寺的後山，塔名「慧覺」，俗稱「价祖塔」。所以這次能來拜塔，是我企盼已久的事，身歷其境，則跟想像中的完全不一樣。現在雖然看起來有點荒涼、寂寞，但它正邁向復興。

我不僅傳有曹洞宗的法脈，對洞山良价禪師也有特別的感情，在我的著作內和禪修指引中，都用了不少洞山的智慧。譬如在我編的《禪門修證指要》中，相關於曹洞宗旨的文獻就錄了十一頁。而且我還把洞山的〈寶鏡三昧歌〉譯成英文，又在禪修期中講解了這一首洞山的代表作，後來這些開示被整理成為文字，很早以前就已出版了，即英文版的 *The Infinite Mirror*，譯為漢文則是《寶鏡三昧歌講錄》。有關於洞山禪師親手所撰的作品，除了〈寶鏡三昧歌〉，還有〈玄中銘并序〉、〈新豐吟〉、〈五位君臣頌〉、〈功勛五位頌〉等，均可以參考《禪門修證指要》一書。有關他的公案語錄，經常在禪門中被引用的則有「洞山五位」、「洞山三路」、「洞山不安」、「洞山佛麻三斤」、「洞山無寒暑」、「萬里無寸草處」等。

雖然該寺的妙忠長老有一些奇特，但此行我最難忘懷的，就是這位長老對我的接待，使我十分感動。對於我們的到訪，他的確是非常歡喜。因為他有很多的事情要做，除了沒有陪我過午，沒有引導我上塔禮祖，其他時間他一直陪伴著我，攙著我的手，邊走邊介紹這座普利禪寺。除了陪我一起在佛前上香、唱讚、禮佛，還親自去撞大鐘，並且高聲唱誦著自己脫口而出的偈頌，雖然我沒有聽清楚他所唱的

妙忠長老親自撞鐘，並唱誦偈頌。

偈頌內容，他的心意我卻能體會得到。直到我登車離開時，他還依依不捨，好像多生多劫就是同參道友那樣。

他還不只一次地跟我要求，要我派幾個比丘弟子，來幫忙照顧他的道場。他說我既然承認是曹洞宗的子孫，對於洞山的祖庭不可不管。我聽了以後，感觸良深：第一，我自己也老了；第二，我的弟子要到大陸的意願究竟有沒有；第三，大陸年輕的法師也漸漸在成長，大陸的道場應該是由大陸的僧眾來照顧的。我沒有辦法滿這位長老的願，似乎是欠了一份情，對祖庭也好像沒有盡到一點心，除了慚愧，又能做什麼呢？

一八、百丈山的百丈禪寺

我們離開洞山後，接著就前往奉新縣的百丈山。車子在崇山峻嶺中盤旋前進，兩旁多半是峽谷，山上幾乎都是茂密修長的毛竹林，遠遠看幾乎和森林的林相差不多。竹桿不但可以做建築材料，也可以做各種竹器。像這樣滿山竹林的景象，也只有在江西南昌附近的幾個縣分才可以看到，所以竹子是當地的特產和名產。山谷間有的是種稻米，多半已經收割。一路上由於我們的車隊弄得塵土飛揚，偶爾在山上看到一些伐竹的農民，躲在路邊，摀著鼻子，瞇著眼睛看我們，讓我覺得非常罪過。

經過三個小時的車程，待我們抵達海拔六百公尺高的百丈山時，太陽已快下山，在夕照中看到寺後有一座山峰，那就是禪宗史上所稱「百丈獨坐大雄峰」的大雄山了。實際上百丈禪寺是座落於群峰圍繞的一個山頂盆地邊緣。這個盆地，被四方的山巒環抱，就像是在一朵盛開著的蓮花中心，是平整的蓮台，真是世外桃源、人間仙境、佛國淨土。

每每閱讀禪宗史傳，看到百丈大師「一日不作，一日不食」的農禪家風，心中就非常嚮往。由於在《百丈清規》之中，下田工作叫作「普請」，後來稱作「出坡」，因此想像百丈山的寺廟，一定是建在山坡上，農田也該是山坡地了。現在身歷其境之後，才知道寺院建於山坡下，而寺前是一大片盆地，盆底則是像鏡面一樣平坦寧靜的稻田，因此它不像是兜底鍋式的盆地，而是像平底鍋式的盆地，百分之百跟俗世塵囂隔絕了。所以不僅當時許多出家人都願意到百丈山去求道，就是歷代的文人雅士，如柳公權、柳宗元、羅隱、蘇軾、黃庭堅、袁陟、蔡國珍、張致遠、李士奇、陰鏜、況思文等，也都非常喜歡百丈山，而留下了不少描寫百丈山的詩篇。

百丈禪寺創建於唐代宗大曆年間（七六六—七七九年），百丈懷海大師是在馬祖道一圓寂之後，唐德宗貞元四年（七八八年）離開石門山的寶峰寺，來到大雄山。由於此山的巖巒高峻、山勢壯麗，所以又稱為百丈山。他在此處住了二十六年，開創了百丈的農田家風和制定了《百丈清規》。直到現在，我的先師東初老人在臺灣所建一個五十坪大的農舍，就稱為「農禪寺」，我也一直以「一日不作，一日不食」與弟子們共相勉勵。

我們進入百丈山，是由七十高齡的現任方丈達慈長老接待。他是湖南省岳陽市人，現在是江西省奉新縣政協委員和該縣佛教協會會長。他告訴我，在臺灣臺中創建慈善寺的振光法師是他的胞兄。他到百丈山已有七年，最近為了到山下搬運修建道場的材料，發生車禍受了傷，心臟也有了問題，每天靠著日本製造的「救心」藥丸來治療。我在五十歲左右，也曾經用過「救心」一段時間，因為疲勞過度，心律不整，常會有心悸的現象，後來斷了藥，又漸漸好了。所以「救心」是不是能夠徹底治病，我還是不大清楚。

這位老和尚雖然看來已經相當老邁，但是非常地發心，把三十多年沒有僧人住持的一座千年古剎，從荒蕪中重建起來。但那也是由於當地政府的支持，並在宗教局和統戰部的大力協助之下，把原來住在寺裡的居民遷走，撥還了寺院的土地，同時還協助建材的供應，並且計畫要在五年內，將上富到西塔公路的路面鋪上瀝青，直通到百丈山。

目前已經建成的房子，有大殿、法堂、玉佛殿、三聖殿、伽藍殿，以及若干的僧寮，看起來都很簡樸。在百丈大師的時代，曾經有上千人都是自耕自食的，不過

百丈禪寺達慈長老現場手書「不昧因果」四字

已可夠三十眾的道糧。目前該寺的常住僧眾只有六人，而現在寺前的稻田收歸寺內耕作的，尚只是其中的一部分。面對著一片平坦的稻田，在秋天的夕照下，稻穗都像是串串的金珠，低垂著頭，閃閃發光，也隱約從微風之中，聞到一股股稻穀的香味，大概這就是百丈山的農禪風味吧！

我們進入大殿，上香禮佛之後，就請達慈方丈給我們開示，然後到客堂互送禮品。他送我許多百丈茶跟大家結緣，那是他們山上自產自製的，又送我一幅是他親筆寫的四個字——「不昧因果」。但是他忘了上下落款，當場揮毫之後，就拿了印章來蓋，我看他的手有些顫抖，視力好像也不太清楚，所以自告奮勇，代替他蓋章。為了希望不要出差錯，確認印章的上下記號好幾次，覺得已有十足把握，蓋完之後，才發現還是把印章蓋橫了，引起旁觀者們一陣大笑。

我在百丈山，真是所謂的橫行霸道，想來實在不好意思。但是那幅字我還是很珍惜，因為它是從「百丈野狐禪」的公案而來的，其中頗有禪機。究竟是他把我當成野狐呢？還是他自認是野狐？至少我們兩個都不是百丈。由於未得解脫而認為不落因果，所以才五百世墮野狐身，好在現在已知道不昧因果了，就能脫離野狐身。

若能超越這兩重執著的，才是真解脫。所以百丈的弟子黃檗希運就問百丈：「迦葉佛時代有一個人只是錯落一句，即墮五百生的野狐身，假如一句不錯，該如何呢？」百丈懷海說：「走向前來！我對你說。」希運隨即走向前，打百丈懷海一掌，懷海忽然拍手大笑說：「我以為胡人才長紅鬍子，這裡就有一位紅鬍子！」這也就是說，不落因果、不昧因果，是因人而異，若執任何一邊，就不是懂佛法的「紅鬍子」了。

因果是有的，從凡至聖，從眾生到成佛，都有因果，但是實相無相、實性無性，就是空相，就是空性，哪還用得著講落不落因果呢？然而「豎窮三際時，橫遍十方處」，無一時不是，無一處不是，也無一物即是，這才是真正無相離執的禪法。

本來我也很想去造訪一下後山野狐居住過的山洞，想探一探是否尚在那裡，但由於時間不夠，所以沒有問、也沒有去。據我了解，當時的後山，實際上就是百丈禪寺後面的山坡，絕對不是翻過百丈峰的另一面。因為大雄山實在不只一百丈高，乃至超過十個、一百個百丈高，要翻過山頭，不怎麼容易。

接著達慈長老帶我去參觀他們的藏經樓，雖然已經有了櫃子，但還沒請到藏經。我當下就許了一個願，發願贈送百丈祖庭一套《大正新脩大藏經》，相信將來在那裡會有人用得到。

百丈禪寺的建築物，有些是用木料，有些則是用江西本地產的毛竹，看起來相當簡陋。如果以臺灣現在的標準來說，應該只算是一種臨時性的草寮。它沒有琉璃瓦，沒有飛檐，沒有宮殿型的雕樑畫棟。如果不是有一部分牆壁漆上了黃色，以及有幾根柱子和木門漆上了紅色，根本就像是山村裡的平房和民居。

百丈山初名「鄉導庵」，懷海入住之後，就把此山更名為「百丈」，也用「百丈」為此寺命名，一直沿用迄今。百丈懷海大師是唐憲宗元和九年（八一四年），

百丈禪寺的三門樸實無華

以九十五歲高齡，圓寂於百丈山，也葬身於大雄峰下百丈寺的西側，名為「大寶勝輪」塔院。唐穆宗長慶元年（八二一年），贈諡懷海為「大智禪師」。因為這座塔院的位置，在距離寺院一公里之外的地方，而當日天色已晚，我們雖然很想前往，但未能如願，感到相當地遺憾。因為我在南嶽未禮拜懷讓大師的塔，在百丈又未能禮拜懷海大師的塔，在歸程中，覺得自己障重福薄，悲從中來，偷偷地流了一陣眼淚。

百丈寺從唐朝開始，經過不

知幾番的興廢，寺基也有幾度的遷移。在北宋元豐年間（一〇七八—一〇八五年）該寺首度重建，由張無盡撰碑記。明太祖洪武年間（一三六八—一三九八年）是該寺規模最大的時代，附近的禪寺林立，有「三寺五廟四十八庵」之說。後又在清朝康熙年間重建，雍正十二年（一七三四年）再由皇帝撥款，頒圖改建，寺宇極為壯觀。寺後尚有凌雲亭和師表閣的遺蹟，據說是明朝的建築。現在寺內留下的古文物，只有師表閣的兩張椅子，陳列於該寺的客廳。它就像一般民舍的家具，是那種有著靠背的太師椅，在這兩張椅子靠背的正中央部分，分別浮雕了「師」、「表」兩個字，材料好像是柚木的，可以看出已是久經風霜了。達慈方丈和尚讓我試坐了一下，覺得非常堅固結實，這可能是該寺除了百丈塔之外，僅有的兩件古文物了。

在中國禪宗史上，馬祖道一門下開悟的人

百丈禪寺的兩張古代太師椅

很多，各自弘化一方的弟子也不少，但對於後代禪宗制度的建立和修行生活的規範，成為漢傳佛教最大特色的，應該是從百丈懷海開始。馬祖之所以成為洪州宗的開創者，也和百丈有密切的關係，因為現在的奉新，距離當時的洪州（現在的南昌）不遠，懷海就是從馬祖的石門山來到百丈山，因此後人便把馬祖、百丈一系，黃檗希運、趙州從諗、臨濟義玄等，統稱為江西洪州宗。馬祖原籍四川漢州，百丈出生於福州長樂，雖然師徒二人，都不是江西人，可是都在江西的洪州開花結果。馬祖的弟子之中，雖有西堂智藏、南泉普願等聲動宇內的大龍象，特別是南泉普願的禪風對後代影響深遠。可是百丈懷海最能體會中國社會環境和漢文化的特色，他知道如果還不能夠積極地把佛教變成本土化、實用化、制度化，以及自給自足、自食其力的農禪化，佛教要想在中國的大環境中立於永久不敗之地，是相當地困難。

在此之前，佛教是靠朝廷保護的，也是靠信眾布施支援的，這有點像許多大乘經中，釋迦牟尼佛都勉勵王臣護法。還有在《阿含部》和《律部》中，鼓勵信眾布施供養，護持三寶，這對處身於中國社會的佛教來講，是不夠穩定也不夠安全的。因此，百丈懷海參照了大、小二乘經律，在不違背大、小乘戒律精神的原則下，建立了《百丈清規》的叢林制度。不過這一部原始的《百丈清規》，在宋代就已失傳，後人只能從古代留下的一些零星文字紀錄中，得到一些訊息。歸納起來，大概有四個重點：

1.為了方便禪者的修行生活，要從傳統的寺院之外，另立禪居，使得禪僧有了自己獨立的寺院。

2.在禪居內，立長老、樹法堂，不立佛殿，不設個別的僧寮，大眾朝夕參聚，形成一套禪修生活的規制，全體僧眾盡入僧堂，以夏次先後設長連床，施椸架，掛搭衣單道具，使人一目了然，私人不容有多餘的物品。

3.設施「普請法」的出坡制度，不論尊卑上下，年齡大小，一律要隨眾勞動，墾荒掘土，蒔秧、種菜、栽竹、鋸樹、劈柴、擔水、燒瓦、運磚、製工具、造房舍，樣樣都由僧眾自己動手。

4.規章制度獎懲嚴明，確實做到尊卑有序，立法防姦，勤勞節儉，禪教不二，平時注重人格教育，要求做到不汙清眾，不毀僧形，不擾公門，不涉俗務，形成一個清淨、精進的禪林；除了自給自足，還有餘力周濟來客和近鄰。

因此，當唐武宗會昌五年（八四五年）的滅佛運動進行得如火如荼時，江西的百丈山卻毫髮無損，免了一劫。由於這個例子，也喚醒了全中國的佛教徒們，而且

百丈禪寺的齋堂

有了一個共同的認知和警覺，那就是必須接受《百丈清規》來建立叢林制度，佛教才能自保，且能弘傳天下。所以直到今天，凡是漢傳佛教的寺院，除了極少數的幾處之外，普遍都屬於禪宗的法脈，這也就是佛教徹底漢化的結果。雖然今天的南傳佛教和藏傳佛教之中，還有一些人，不願意承認我們漢傳佛教的比丘、比丘尼身分，可是我們如果也學他們的話，漢傳佛教老早就滅亡了。而且我也相信，像這種開創性和適應性的禪林生活，正是未來世界佛教的一種基本條件。如果還是堅持著釋迦牟尼佛時代的戒律條文，一成不變，等於自陷僵局，自走末路了。

另外，我們從百丈大師的遺風之中，還可以看到另外一項漢傳佛教的特色，那就是著重平常的勞動生活。人人必須白天工作，早晚聞法、參禪、課誦，那就是中國禪者的生活型態。不像有些地區的僧侶們，一邊專門依賴信徒的布施來生活，一邊則認為唯有打坐、禮拜、念佛、讀誦、唱誦、持咒，乃至各別枯守山間洞穴等，才算是修行；又有甚者，以神祕經驗和神異能力，來做為自我成就和向信眾炫耀的工夫。站在中國禪宗的立場，特別是以百丈的家風而言，那種修行型態，都是不被鼓勵的，甚至會被斥為「鬼家活計」。

佛教在農業社會的中國，必須日出而作、日沒而息，朝夕課誦禪講，自食其力，方不致被人看成坐享其成的寄生分子。中國佛教史上屢次的滅佛運動，固然有其宗教及政治的因素，僧尼人數過多而影響了國家的生產力，也是原因之一。故在農業社會，出家人宜過農禪制的生活，到了今日工商業的現代社會，若非提倡工禪制的叢林生活，也應該以各種方式從事於社會的服務事業。今天大陸的寺院，主要收入是靠遊客的門票和香客的燈油錢，也有若干的寺院是靠打水陸、做佛事、超度、消災等經懺佛事維持門庭，恐怕不是長久之計。

最好的辦法，應該是用佛法來幫助社會大眾，改善生活品質，譬如說，普遍推廣禪修觀念，指導禪修方法，用於社會大眾的日常生活，幫助社會大眾安心、安身、安家、安業。也就是活用佛法，從事各項教育與關懷工作，這也就是我們法鼓山現在正在推動的「大學院」、「大普化」、「大關懷」三大教育。以這三種教育工作，來達成淨化社會、淨化人心的目的，便是自利利人的菩薩行。這對於未來的世界社會，不但是需要，而且能使佛教具備永遠生存和推廣的最佳條件。這也就是釋迦牟尼佛曾經對一位農夫說過的話：「農夫耕田所以有飯吃，而佛是在耕耘眾生的心田，處處以佛法利益眾生，所以也應該有飯吃。」

否則的話，如果長期只接受信眾們的供養，以此來維持出家人的修道生活，不要說在未來的社會中有困難，就是在今天西方的歐美地區，要出家人維持像南傳上座部型態的生活方式，也已經不可能了。因此，有不少西方人士，在東方人的寺院裡出了家，回到西方社會中，就需要還俗找工作，要不然便沒有他們的生活條件和生存空間了。

最糟糕的是，今天尚有許多東方的修行人，都還留戀著、懷念著、嚮往著，古代東方的城市佛教和山林佛教的生活方式。縱然在目前的東方社會中，還可以勉強找到若干信眾的布施供養，而獲得棲身之處；可是一旦到了西方工商業社會，若非依附東方來的僑民生存，這種東方式的生活型態，就變得很困難了。所以各種宗派的東方宗教，到了西方社會，都需要採用社區（Community）的形式來經營，必須和當地的社會群眾結合；即使是住在山區中的修行人，也必須以工作來和世俗社會維持一定程度的互助互動，以獲得經濟上的所需。

所以我到百丈山，雖僅兩個小時，百丈大師的清規及農禪制度，卻使我有很多的想法和感慨，也給了我重大的啟示和信心，他早已為我們指出了未來世界的遠景。

當我們離開百丈山時，天色已經朦朧，已是上燈時分，就好像時代正在交替更移，舊的過去，新的會來。百丈山從懷海開始，一千兩百年以來，興興廢廢已不知多少次了，雖然未曾被毀於唐武宗的會昌法難，卻也曾因水火盜賊以及朝廷政策等因素而或興或廢，再加上法門缺少龍象人才之際，道場就會遭到天災、人禍的破滅。譬如在清朝咸豐六年（一八五六年）到十一年（一八六一年）的前後五年之間，就遭到太平天國的石達開及李秀成兩度毀損。到一九四九年，新政府建國之後，百丈寺就僅剩下大雄寶殿和右側的兩棟寮房了。到了文化大革命期間，又遭一次徹底的破壞，而只剩下佛像和菩薩像的兩個基座。現在我們又能夠看到百丈祖庭的恢復，真是百感交集，但願今後的漢傳佛教，能夠走出一條千秋萬世、常住不滅的路來。

一九、馬祖的道場寶峰禪寺

十月十日，星期四。天晴。

昨天晚上我們從奉新的百丈山又回到南昌，落腳於凱萊大酒店。今天六時起床，六時三十分早餐，七時三十分登車前往晉安的馬祖道場「寶峰禪寺」。從地圖上看，昨天去的奉新和今天到的晉安，相距只有幾公里路，這兩個地方是比鄰相接。如果不是昨天已經很晚，也可以接著去參訪。就是因為昨天的時間不夠，所以今天又要再從南昌前往。花了兩個半小時車程，抵達寶峰禪寺時，已經將近十一時了。這條路的路況也不很好，我們的座車，就好像一台強烈震盪的大按摩椅，連續享受這種按摩，也真的不太好玩。

寶峰禪寺是我們這趟行程中非常重要的一站，因為它的方丈，就是剛剛當選中國佛教協會的新任會長——現年七十六歲的一誠長老。今年春天，曾經護送佛指舍利到臺灣展出，到了我們的法鼓山，也可以算是有過交往的法門師友了。

這座寺院的規模相當宏偉，庭院也很寬廣，並且還在繼續興工之中。由於是會長親自迎接，佛協派來全程陪同我們的宏度法師向我建議，能不能穿上黃海青，披上紅祖衣。他之所以提醒我，是由於我一路上都是穿著長衫，後來才加上黃海青的，可是多數寺院的方丈，都是穿著黃海青、搭紅祖衣出來迎接我的。我並不是不願穿，而是因為從臺灣出發前，並沒有想到大陸的佛教界，幾乎每個地方都用這麼隆重的禮節接待，所以像往常幾次訪問大陸一樣，行李中沒有帶紅祖衣，只帶了準備到香港和西雅圖皈依典禮用的七條衣。這倒不是我的漫不經心而忘掉帶紅祖衣，乃是以前到大陸的經驗告知我，並沒有機會需要紅祖衣。糊塗的我，就是忘了這一趟是由國家宗教局及中國佛教協會，分別具函邀請我去的。所以每到一個地方，總覺得沒搭紅祖衣而有些尷尬。到了此處，既然宏度法師向我建議，我就只好在黃海青外披上了七條衣，看起來似乎不倫不類，不過在往下的行程中我都是這個樣了。其實我在西方社會，或是出席國際會議的場合，多半是穿咖啡色海青加搭七條衣的。

我們到了寶峰寺的三門，就見到一誠方丈率領著大批的僧俗四眾，由兩位年輕的出家眾捧著香案，前導迎接。除了用兩頂大型的華蓋，分別舉在我和一誠長老的頭上之外，還有四面長幡隨後，同時他們念著〈消災吉祥偈〉：「願消三障諸煩

寶峰禪寺的三門

寶峰禪寺方丈一誠法師以大禮隆重迎接

惱，願得智慧真明了，普願災障悉消除，世世常行菩薩道。」比起其他道場念佛聖號或念菩薩聖號迎接我，是一項特色了。

該寺第一道大門的牌樓，高十三公尺，七樓四柱三洞，很有特色，看起來像是新建的，門楣上有趙樸初居士寫的「馬祖道場」四個黑底金字，兩邊門柱上則是一誠和尚寫的對聯：「寶峰淨域，法雨源流，天下叢林從此啟；馬祖道場，宗風廣被，西來大意個中求。」通過天王殿前，見有六面大幅彩旗插在道旁，然後才正式進入第一道三門殿。門楣上方刻著黑底白字的「石門古剎」四個大字，而橫額的上面則有一塊豎寫的匾額，是紅底金字的「寶峰禪寺」，殿前兩側柱上寫著一幅對聯：「未跨門欄，謾言休去歇去；已到寶所，那管船來陸來。」在天王殿上方，還題著白紙黑字的長幅紅布條，上面寫著「熱烈歡迎臺灣法鼓山佛教古蹟巡禮團蒞臨本寺」，門柱兩側有幅對聯：「塵外不相關，幾閱桑田幾滄海；胸中無所得，半是青山半白雲。」在大雄寶殿前，則掛著另一幅紅布條：「熱烈歡慶一誠大和尚榮膺中國佛教協會會長。」

一誠老和尚牽著我的手，在進大殿之前，他很興奮地告訴我，因為我的來到，殿前的鐵樹開花了，開著黃色的花、結著紅色的果，這是少有的瑞相。事實上，是他剛剛在九月中旬，當選了懸缺已經九年的中國佛教協會會長的緣故，而且殿前還掛著慶祝他榮任的紅布條呢！與其說鐵樹為我開花，倒不如說這個瑞相是應在他老人家自己身上，我只是正好來湊熱鬧而沾了光罷了！

接著我們就在大殿禮佛、唱香讚、誦《心經》、唱摩訶般若波羅蜜多，然後互相頂禮，之後便請一誠長老為我們大眾講開示。首先他說，因為我的到來，高興得整夜沒有睡覺，對寶峰寺來講是從來沒有過的大事。因為他到過臺灣，對我知道得滿多的，所以對我有很多的讚歎。儀式結束之後，我們便起身參觀該寺各個殿堂。

寶峰寺是馬祖圓寂和塔葬所在的一個道場，它的位置是在江西省晉安縣以北二十公里處，那是在寶峰鎮的寶珠峰下。最早叫作「泐潭寺」，又名「法林寺」，因為它座落在石門山內，所以又有「石門古剎」的稱號。在唐宣宗大中四年（八五〇年）敕賜「寶峰」兩字的匾額，所以改名為「寶峰寺」，一直沿用至今。從唐德宗貞元元年（七八五年）開始，馬祖道一曾多次來到此處，然後到貞元四年（七八八年）二月初一日，便以世壽八十歲圓寂於此，荼毘後亦在此建舍利塔，唐憲宗追諡「大寂禪師」。到了清朝雍正十三年（一七三五年），又加封馬祖為「普照大寂禪師」。

該寺於一千二百多年以來，歷經滄桑，幾度興廢，在文革期間被徹底破壞，所有的古建築包括馬祖塔都被毀掉，甚至馬祖舍利也因此而散失不見。這樁事的經過，詳見於一誠大和尚所寫的〈馬祖道一大寂禪師塔銘〉。其中告訴我們，一誠和尚在一九五七年受到虛雲老和尚的囑咐，來到寶峰禮拜祖塔之時，雖然殿宇頹廢，但祖塔還算完整。可是經過文革的十年浩劫，倒真的變成一物也無了！其中裝舍利的鎏金小塔和一個小甕，已被紅衛兵取走，後來藏於江西省博物館。因為一誠長老承奉虛雲老和尚的遺命，要復興寶峰祖庭，經過接觸，晉安縣的黨政領導才邀請一誠長老回來，一磚一瓦，重新興建。

從一九九三年六月開始，寶峰寺已有了四百五十畝山林地，於是開始陸續建築。到現在為止，它的建築物除了前面已經講過的牌坊、三門殿、天王殿、大雄寶殿，還有天王殿兩側的虛懷樓、雲海樓；大殿後面第四進則有法堂、藏經樓；大殿兩邊有廂房、配殿；東側自南而北有鐘樓、客房、功德堂、伽藍殿、齋堂、上客堂、影堂；在這個外側和它平行的有內客堂、祖堂、韋馱殿、學戒樓、方丈室；又在這個外側，建有禪堂，總建築面積已有一萬多平方公尺。建築物都採用磚造、木構的宮殿形式，所有的殿堂和廂房，均有連廊銜接，這都是一誠長老一手規畫完成的。目前正在建築的是佛學院的宿舍、教室，而且還準備籌畫一所佛教大學，設校的地址希望是在北京。

一誠長老為復興祖庭，教育人才，不遺餘力，我真是被他的悲心弘願感動得五體投地。目前他已經有好幾位能夠獨當一面，弘化一方的弟子，譬如佑民寺的方丈純一法師，寶峰寺的監院純聞、純良法師，江西省佛教協會祕書長純非法師，都是非常傑出的青年龍象。特別是純非法師，當我們剛到湖南長沙時，他就代表一誠長老前來迎接，一直把我們送到湖北省的邊境為止。我看到一誠長老的弟子以及大陸正在擔當住持法門的年輕人才，都有個共同的特色，那就是穩重、謙虛、誠懇，反應敏銳而不尖銳，不露鋒芒，都沒有青年得志的浮躁氣，這已經具備做為大善知識

作者頂禮馬祖塔

的基本條件了。不論他們的學問以及修為如何，能有這種氣度，就是能夠撐持法門的優秀人才了。

該寺現存新建的馬祖塔，雖已沒有馬祖的舍利，但是該處曾經埋葬過馬祖的舍利，所以我還是到了塔前，頂禮圍繞。那是採用山東的漢白玉構建而成，底層是正方形須彌座造型，塔身也是正方形，塔高四點五公尺，正面寫著「寶峰馬祖大寂禪師舍利之塔」。東、西兩面各有一塊石碑，都是現代名書法家啟功先生手書，東面是唐朝權德輿撰的塔銘，西面則是一誠法師所撰重建馬祖的塔銘。現在還能看到以花崗岩建的塔亭，是六角寶蓋式的造型，也用石板覆頂，檐首六角，都有昂首龍頭狀的飾物。據說這是唯一

寶峰禪寺的禪堂

沒有被紅衛兵破壞的古建築。

我們在這座新建的古寺之中，可以發現一誠大和尚是很有文化水準的。他不僅對於禪宗道場的建築是大內行，對於禪宗叢林的規約和殿堂的功能也都很清楚。我們在前面已經看到佑民寺的幾種規約，多半是從一誠長老這裡拷貝過去的。畢竟那裡的方丈是一誠長老的弟子，所以一門相承。現在我把寶峰寺殿堂的楣額和楹聯，選擇抄錄數則如下：

功德堂

功績祇園果因不昧；德輝西域福慧無疆。

祖師殿

祖意西來寂寂一葦雲月冷；禪風東播飄飄兩岸蒲梅新。

禪堂

禪宗法門不二；堂中妙諦宜參。

觀音殿

松聲竹聲疏雨聲，聲聲自在；山色水色煙霞色，色色皆空。

法堂

采如意珠而入海，從淺至深；稟具足戒而登壇，繇小到大。

虛雲和尚紀念堂

坐閱五帝四朝，不覺滄桑幾度；受盡九磨十難，了知世事無常。

方丈

方圓無礙華藏界；丈尺難量淨法身。

上客堂

肩膀磨穿，從今般般放下；草鞋踏破，到此步步登高。

祖堂

法法相傳，望師大力大雄，挺起如來擔子；燈燈接續，聽我無才無德，難興馬祖道場。

齋堂

粥去飯來，莫把光陰遮面目；鐘鳴板響，常將生死掛心頭。

庫房

楊岐燈盞明千古；寶壽生薑辣萬年。

在禪堂內的牆壁上貼有一紙，寫著「監香八種香板」：輕昏點頭，彈指抓癢，靜中講話，嘻笑放逸，沖盹打呼，前沖後仰，東倒西歪，靠壁扒位。

另外還有四個相關的碑文，抄錄如下：

寶峰寺選佛堂記

崇寧天子，賜馬祖塔　慈應，諡曰「祖印」。歲度一牒從奉香火。住山老福深，即於祖殿後建天書閣，承閣為堂，以選佛名之，使其徒請記於余，余三辭，請益堅。余謂之曰：古人謂選佛，而及第者涉乎名言耳。子以名堂敘記之，無乃不可乎？憐子之勤，漫為之記。夫選佛者，選擇之謂也。有去有取，有優有劣，施之於科學，用之於人才，此先王之所歷世磨鈍之具，非所謂選也。使佛而可選也，取六根乎、六塵乎？取之六識乎？取三六則一切凡夫皆可作佛、去三六，則無量法誰修誰證？取四諦、六度、七覺、八正、九定、十四無畏乃十八不共法、三十七助道法乎？法之則無法也，去取有無，渺然如水之流於放眼心腹，欻然如埃之入於胸，次此在修羅藏、或謂之二障、或謂之不了意，或謂之戲論，或謂之遍計邪見，或謂之微細流注。取之非佛也，去之非佛也，不取亦非佛也，果可選乎？曰：先生之論相宗也，吾宗之論禪宗也，凡與選者，心空而已矣。弟子選堂而有問，宗師踞坐而有答，或示之以元要，或示之以料揀，或示之以法鏡之昧，或示之以道眼因緣，或示之以向上一路，或示之末後一句，或示之以當頭，或示之以平實，或揚眉瞬目，或舉佛敲床，或畫圓相，或畫一劃，或拍手，或作無契吾機者，知其心之空也。知其心之空，則佛果可選矣！余曰：世尊舉花迦微笑，正法眼藏，如斯而已。後進崇師之所指，何紛紛之多乎？吾恐釋氏之教，哀於此矣。深河東人也，甘粗糲，耐苦心，文從關西真淨游，孤硬單立，必宏其道。蓋釋氏教，枯槁以遺其形，寂滅以灰其慮，戒定密行，鬼神所莫窺，慈悲妙用，幽顯所共仰，迫而後應，則五眾喪其伴侶，不得已而後言，六聚忘其畛域。生死之變，人之所畏也，吾未嘗有生，安得有死則矣畏之，利害之境，人所擇之，吾未嘗有利，安得有害則矣擇之為夫，如是則不空於外而內自空，不空於境而心空，不空於事而理自空，不於相兩性自空，不空於空而空自空，空則等，等則大，大則圓，圓則妙，妙則佛。嗟乎，吾以此望子，尚無忽哉！

公元一九九九佛曆三〇二六年已卯歲孟秋月中浣之穀旦

中國佛教協會副會長、江西省佛教協會會長、寶峰寺方丈釋一誠重錄立碑

宋新津張商英撰

李養雲書

楊寬茂刻

寶峰禪寺寺銘

靖安寶峰，居縣之東。境有泐潭，深邃清澈；石門群山，青翠秀麗。寶峰禪寺，立泐潭之濱，座寶珠峰下。唐天寶年間，水潦和尚來此開山，以潭名寺，曰泐潭寺，以山而稱，名石門山寺。貞元年間，南天八祖，馬祖道一，雲遊至此，讚歎洞壑平坦，山水奇勝，決意設立道場，大宏教化，倡導即心即佛，非心非佛。法筵大開，高徒雲集，選佛場盛。貞元四年，馬祖圓寂，唐憲宗賜諡號「大寂禪師」，宰相裴休奉旨重建，塔在寺後，寺以塔顯，名傳遐邇。宣宗四年，賜寶峰匾額，以茲改名「寶峰禪寺」，百丈懷海，承師之志，執掌法席。入宋之後，雲門巨匠，相聚於此，各各呈能，人人顯聖。道謙、散聖、懷澄諸師，傳燈相續。寶峰聖地，雲門風盛。大覺懷璉和尚，駐錫十載；黃龍慧南，參學座下；飽承法乳，新創一派。黃龍幟樹，遍布中華，遠及東瀛。元祐年間，真淨克文和尚，光大祖庭。書記惠洪，助師弘法，解行並進，所書《石門文字禪》，卷帙浩繁，真知灼見，令人誠服。明末清初，元白通可和尚，秉臨濟宗風，摧朽拉枯，廣度眾生。數載艱辛，古剎重新，聲名再振。入清以後，寶峰香火，連綿不斷。山子和尚，主修山志，追述前賢，垂范後世。民國時期，古剎聖地，多遭兵燹。日寇鐵蹄，數番蹂躪，寺宇荒蕪，僧眾星散。解放以後，五十年代，虛雲老和尚，心繫祖庭，禮敬前聖。百歲高齡，抱病而來，拈香敬祖，寄望後昆，盡力維復。一九五四年初，有僧修定，入住寺中。一九五六年春，寬鑒和尚，發振興之願，立光大之誓，率眾入住。荒陌之中，劈荊斬棘，擇鋤墾地，農耕自養。奉香火以禮祖，鳴鐘鼓而拜佛。正墜緒重興之際，惜道運不濟，一九五八年夏，寬鑒和尚蒙冤而去。寺中僧眾，再度四散。十年文革，古剎罹難，珍貴文物，盡遭毀損，馬祖寶塔，亦未能免。浩劫過去，春風又來，政策落實，寶峰再興，黨政關懷，地方支持，僧人歸住，香火復燃，鐘鼓重響，梵唄悠揚。四眾同心，緇素共助，善財漸聚，殿宇復現。聖像肅穆，佛光普照，法輪常轉，國泰民安，人類和平，名藍新主，力報四恩。十方同慶，萬邦皆樂。常住豐裕，僧眾六合，農禪並重，崇遵祖訓，啟壇授戒，續佛慧命，普利人天，靈佑萬代。

物換星移，世事滄桑。寶峰變遷，謹以載記，略綴數言，勒石為碑，以為寺銘。

公元一九九九佛曆三〇二六年己卯歲季春月朔旦

住持一誠率兩序大眾立石

寶峰馬祖大寂禪師塔銘

唐同平章事權德輿洛陽人

鐘陵之西曰海昏，海昏南鄙有石門山，禪宗大師馬氏塔廟之所在也。門弟子以德輿嘗遊大師之藩，俾文言而揭之曰：三如來身以大慈為本，六波羅蜜以般若為鍵，非上德宿植者惡乎至此！大師諱道一，代居德陽，生有異表，幼無兒戲，嶷如山立，湛如川渟，舌廣長以覆準，足文理而成字，全德法器，自天授之，常以為九流六學不足經慮，局然理石之具，豈資出世之方，唯度門正覺，為上智宅心之域耳。初落髮於資州，進具於巴陵。後聞衡嶽有讓禪師者，傳教於曹溪六祖，真心超詣，是為頓門，跋履造請，一言懸解，殆類顏子，如愚以知十。俄比淨名，默然於不二，以法惟無住，化亦隨方。嘗禪誦於撫之西襄山，又南至於虔之龔公山，攫博者馴，悍戾者仁，瞻其儀相，自用丕變，今河南刺史尹裴公，久於稟奉，多所信嚮，用此定慧，發其明誠。大歷中，尚書路公冀之為廉帥也，舟車旁午，請居理所。貞元元年，成紀李公，以侍極司憲，臨長是邦。勤護法之誠，承最上之說，大抵去三以就一，捨權以取實，示不遷不染之性，無差別次第之門。嘗曰：佛不遠人，即心而證。法無所攝，觸境皆如。豈在多岐以泥學者！故夸父喫詬，求之愈疏，而金剛醍醐，正在方寸。於是解其結，發其覆，如利刃之破胸索，甘露之灑稠林。隨其義味快得善利者，可勝道哉！此緣既周，跏趺報盡，時貞元四年二月庚辰，春秋八十，夏臘六十，前此以石門清曠之境，為宴然終焉之地，忽謂入室弟子曰：吾至二月當還，爾其識之。及其委化，如合符節，當夾鐘發生之候，協拘尸薪火之期。緇素幼艾失聲，望路瀇涸流，而法雨滂灑及山門，而天香紛靄，交感之際，昧者不知。沙門惠海、智藏、鎬英、志賢、志通、道吾、懷暉、惟寬、智廣、崇太、惠雲等，體服其勞，心通其教，以為吾師真性湛然，與虛空俱為是體，魂化為舍利，則西方之故事傳焉，不可已也。乃率籲其徒，從荼毘之法，珠圓而潔，熀耀盈升，建資嚴事，眾所瞻仰，至七年而功用成，竭誠信故緩也。德輿往因稽首，粗獲擊蒙，雖習鳥在空，莫知近遠，而法雲覆物，已被清涼，今此銘表之事，敢拒眾多之請。

銘曰

達摩心法，南為曹溪，南門巍巍，振撥沉泥。禪師宏之，俾民不迷。九江西部，為一都會。亦既戾止，元津橫霈。慈哀攝護，為大法礪。五濁六觸，翳然相蒙。真心道場，決之則通。隨器受益，各見其功。真性無方，妙道不竭。顧此夢幻，亦有生滅。微言密用，煥炳照晰。過去諸佛，有修多羅。心能悟之，在一剎那。何以置哀，茲窣堵波。

公元一九九三佛曆三〇二〇年歲次癸酉清和月初八日

王鐘玉敬書

馬祖道一大寂禪師塔銘

祖諱道一，謚號大寂，生於唐中宗景龍三年（七〇九），寂於唐德宗貞元四年（七八八）二月一日，四川什邡人氏，本邑羅漢寺披剃，世壽八旬，戒臘六十。因俗姓馬，世謂馬祖。其貌殊異，牛行虎視，引舌過鼻，足底有二輪文。初於衡嶽習定時，得懷讓磨磚指點，頓領禪機，豁然開悟。後遊閩建陽、贛臨川、南康等地弘禪。唐開元二十六年（七三八），奉敕建鐘陵開元寺。致創叢林四十八處，法席隆盛，嗣有百丈等一百三十九人；入室弟子八十四者，均為各方宗主。貞元四年正月中，登建昌石門山，行見一平坦處，謂侍者曰：吾之朽質，當於來月歸茲地矣！言訖進院。後果應所言，於二月一日沐浴，趺跏入滅，荼毘畢，舍利甚多，藏寶峰院。貞元七年（七九一），門人為之造塔。元和中，憲宗謚號「大寂禪師」。寶峰之盛，乃馬祖塔建始也。唐武宗會昌六年（八四六）法難期，塔毀。於大中四年（八五〇），江西觀察使裴休奉旨重修斯塔，頗為壯觀，並題額「寶峰寺」。後周世宗輕佛，寺塔皆搗。至宋英宗治平三年（一〇六六）復脩寺塔。宋神宗崩（一〇八五年）後，塔遷異地。於元代英宗至治二年（一三二二），得吉安路太和州檀越蕭履堂遷塔寶峰原址重建。然余於一九五七年受雲公之囑至寶峰禮祖時，見塔巍然屹立，唯寺宇頹甚。所嘆者，於公元一九六六年十載浩劫始，塔復遭毀，並掘塔底零點五米處，有漢白玉石函，其中灰色瓷缸，有鎏金小塔並甕，內安金屬圓筒，據載舍利多粒，其甕掠走，舍利散失，而甕幾經輾轉，後收藏於江西省博物館。去歲蒙靖安縣黨政之邀，重瞻寶峰，誠為塔廢，深感倍傷，發願重脩。今幸政通人和，因緣殊勝，並承十方檀越、四眾襄助，即採漢白玉，擬原式精雕，方玉成壯舉，現塔相莊嚴，祖德重光，人天共欣！然余已朽，更企後賢，繼往開來，竭誠護持，切切斯意，是為銘故。

銘曰

欽懷祖德　出世大雄　磨磚成鏡　證悟心宗　踏殺天下　機鋒峭峻　雲集説法　廣度圓融　大機大用　一喝耳聾　象鳴獅吼　天神護從　嗣後百幾　禪振

家風　敕建開元　歸於石門　幻質荼毘　舍利耀聳　瞻而慕之　讚莫能窮

公元一九九三佛曆三〇二〇年歲次癸酉清和月佛誕日

寶峰寺住持沙門一誠敬識

靖安縣長郭明字禹光敬書

二〇、雲居山的真如禪寺

我們在寶峰山用過午齋之後，略事參觀，下午一時多就登車向永修縣雲居山出發。經過二小時的車程，抵達了真如禪寺，它是在永修縣的西北，距離南昌市約七十公里。這個地方有點像百丈山的環境，上了山頂，又被群峰圍繞，中間是一塊平整如鏡的農田，有園林、有湖泊，好像是天然的一座大城，又像一朵盛開的蓮花，所以又有人稱它為蓮花城。在平地四周的山坡上，是一望無際連綿不斷的竹林，這座真如禪寺，就在蓮花城的山腳下。現任住持也是一誠長老，他到寶峰寺開始修復工程之前，就住在真如寺，因為我們上午已去了寶峰寺，所以下午他就沒有再到真如寺迎接我們了。

我們通過山頂盆地，便見到一片已呈現金黃色的稻田，之後就到了真如寺的三門，他們的首座是六十多歲的正智法師，代表方丈以大禮迎接。另有僧眾一百多人，都穿著海青、搭了衣，把我迎到大殿，鳴鐘擊鼓，上香禮佛，在那裡互相交換

真如禪寺的首座正智法師以大禮迎接

禮物。他們送我們的是虛雲老和尚的一個半身塑像，同時也讓我們大家拜見了虛雲老和尚的一大顆白色舍利，以及參觀了虛雲老和尚紀念堂。在紀念堂中的展示櫃，陳列著當年虛老的各種衣物用品，都是破的、舊的，補了又補的百衲僧服、僧鞋、帽子。牆壁上除了有張大千畫的虛雲老和尚畫像，還有一個大幅的看板，張貼著虛雲老和尚的生平事略。

虛老和真如禪寺的淵源是在雲門事變之後，他於一九五三年來到此地，便進行大規模的維修和重建，可惜文革期間又遭到嚴重的破壞。

到了一九八〇年代，才由政府出資，進行修復，現在全寺的建築面積已有八千多平方公尺。它是由天王殿、大雄寶殿、藏經樓和廂房等建構而成，在它的寺旁也有幾十座歷代住持的墓塔，算是該寺的古蹟了。

虛雲老和尚的舍利子

當年虛雲老和尚到達雲居山時，已是一百一十四歲（一九五三年）高齡。那年他先到上海玉佛寺主持禪七，七月初五就到了江西的雲居山。當時的雲居山已經非常荒涼，老和尚便住在蔓草支離的牛棚裡。後來聞風而至的人愈來愈多，他親自為大殿製造鐵瓦和千僧鍋等，又把一百多位僧眾分成兩個部門，有能從事土木工程的，有善於開墾種植農田的，同心協力，一起來修復祖庭。到了一百一十七歲（一九五六年）時，雲居山已經成為一座很有規模的叢林，恢復了唐宋時代的舊觀。一百二十歲（一九五九年）十月十四日，虛雲老和尚便安詳捨報於該寺，前後在此一共住了六年。他老人家的德望在短短六年之內，能把真如寺興建恢復，也可以說是為老和尚此生畫下最精彩圓滿的句點。

我們這一次有幸前來拜塔禮祖，目的就是要體驗當年的虛雲老和尚，為什麼在這麼艱苦窮困的境況下，還要完成恢復興建祖師道場的心願？這無非是為了住持佛法，培養人才，安眾攝眾。那我為什麼也要帶著這些僧俗四眾弟子來拜塔禮祖，參訪古道場的遺蹟呢？因為我的年事已高，不可能永遠繼續活下去。建設道場，培養人才，就是希望後繼有人，讓年輕的一代也能體會一下祖師的內心世界。雖說佛法是在眾生心中，但是沒有道場，沒有人才，就沒有佛教了。我不擔心我自己能不能解脫？何時成佛？倒是擔心佛法能不能繼續住世，否則我們這一批人，就變成釋迦牟尼佛的末代子孫了，不僅辜負三寶，也對不起後代無數的眾生。

根據南宋張大猷所撰的〈雲居開山緣起記〉的記載，雲居山真如禪寺始建於唐憲宗元和三年（八〇八年），當時有一位道容禪師住在雲居山南麓的瑤田寺，因司馬頭陀過訪，二人同登山頂，見其地平如掌，湖澄如鏡，巒岫環列如屏障，遂治基建寺。到了唐僖宗中和三年（八八三年），道膺禪師應鍾王之請來到此山，皇帝敕額為「龍昌禪院」。到了北宋大中祥符年間（一〇〇八—一〇一六年），真宗敕名

「真如禪寺」，相沿至今。

道膺禪師出生於山東，幼年出家，二十五歲受戒，先學小乘的律儀，發覺大丈夫不應該被這些律儀的枝節縛綁，因此到翠微山跟無學禪師學禪三年，聽聞禪門法要。後來有人告訴他洞山良价的禪法殊勝，便去認他為老師，在那邊也契悟了禪門宗旨，並且受到良价禪師的印可，而成為洞山門下的一方領袖。

他先住於山門庵，後來才到雲居山接引僧俗四眾，大開洞山的法筵，因此後人稱他為雲居道膺禪師。他前後弘法三十年，常隨徒眾不下千餘人。他的生平不詳，圓寂的時候至少也是六十至七十歲間的人了。他的門下也是龍象輩出，嗣法弟子有雲住、佛日、澹權、廣濟、豐化、道簡、懷惲、慧海、德山、大梵、懷岳、水西南臺、真禪師、同安道丕禪師、謙禪師、昌禪師、章禪師等。宋朝的宏智正覺禪師所開出的默照禪，就是從這個系統下來的。現在將此系統抄錄如下：

洞山良价——雲居道膺——同安道丕——同安觀志——梁山緣觀——

大陽警玄——投子義青——芙蓉道楷——丹霞子淳——宏智正覺

有關道膺禪師的禪法，只能從《高僧傳》及《傳燈錄》中零星地看到，並沒有人把他的語錄輯集成冊。

在道膺禪師之後，住持該寺法席的，從五代至宋初，有道簡、道昌、懷岳、懷滿、德緣、智深等，相繼續唱曹洞宗風。此後又有清錫、道齊、義能、慧震、以及契環等，在該寺弘揚法眼一派禪風。到了北宋中葉，就有佛印了元禪師（一〇三二—一〇九八年）來此主持法席，住僧五百餘人，可見此時又是一個盛世。佛印十九歲就得法於廬山開先寺的暹禪師，後來擔任九江承天寺住持，及江蘇鎮江金山寺住持。他和蘇東坡交往的故事膾炙人口，很少人曉得他也曾經擔任過江西雲居山真如寺的住持。

後來住持該寺的，主要是臨濟宗人，例如克勤圜悟禪師、高庵善悟禪師、法如禪師等人。但到明末時候，紫柏達觀真可禪師來遊此處時，已是凋零不堪。他在慨歎之餘，做了一首詩，茲錄如下：

千尺盤桓到上方，雲居蕭索實堪傷。
趙州關外秋風冷，佛印橋頭夜月涼。

唐宋碑題文字古，蘇黃翰墨蘚苔蒼。
最憐清淨金仙地，返作豪門放牧場。

當時北京萬佛堂的住持，即四十三歲的諸緣洪斷和尚，他從紫柏大師那兒得悉臨濟祖庭已為放牧之場，便毅然南下，意圖復興。事為明神宗之母慈聖太后所悉，便於萬曆二十四年（一五九六年）遣使來山，賜紫衣等法物，以及施捨內帑，鑄造盧舍那佛銅像，更頒《大藏經》全部六百七十八函。後又於萬曆三十七年（一六〇九年）從江蘇寶華山，恭請慧云古心律師來到雲居山，弘演毘尼，傳戒講律。

洪斷和尚中興雲居近二十年，期間經過六次大難，他曾以一首詩，記載了他的艱難困苦，茲錄如下：

誅茆劈棘構禪棲，首尾相將十載餘。
病骨扶笻程萬里，柔腸結屋幾千回。
披雲躡磴穿峰頂，破浪中流墮石磯。
三已輕生生不泯，殷勤留與後賢知。

明崇禎十年（一六三七年），洪斷離開雲居，禮請顓愚觀衡禪師來此住持七年，後又請到晦山戒顯願雲禪師住持雲居。戒顯禪師是江蘇太倉人，俗名王瀚，自稱是明末遺民。陳垣《中國佛教史籍概論》卷六收有他的資料，其中有一首詩，名為〈詠雲居〉，茲錄如下：

遙望崇山萬疊尊，誰知上有避秦源。
別開世外青牛塢，共住雲中白鷺村。
長夏翠帷封梵寺，高秋珠穗繞湖門。
一犁此日吾真足，好把宗風百丈論。

他在雲居山住了十年，不但對寺院進行整修與擴建，並且著手編撰《雲居山志》。嗣後由於杭州靈隱寺的具德弘禮禪師要退任了，才授命他前往接任住持。繼任雲居住持的是元鵬禪師，繼續發揚臨濟宗風，同時也完成了戒顯尚未完成的建築物，恢復到唐宋時代的舊觀，同時也接手完成了《雲居山志》的編纂工作。

戒顯禪師有兩部有名的著作流傳下來，書名分別為《禪門鍛鍊說》和《現果隨錄》。他是弘禮禪師的法嗣，而弘禮是三峰山漢月法藏的弟子，漢月法藏則是密雲圓悟的弟子，算起來戒顯禪師應是南嶽懷讓之下第三十六世，但是屬於他的傳記資料不多。而他的《禪門鍛鍊說》一書，是用《孫子兵法》練兵的原理，參考著歷代禪宗祖師鍊眾的方法和準則而成，主要是主張「奇正相因」四字。在我編的《禪門修證指要》之中，也收錄了該書的重要部分。

從他此書跋語的末尾八字來看，所謂他曾經「書於黃梅四祖方丈」，表示擔任過「四祖寺」的方丈。因此戒顯禪師在明末清初時，至少擔任過廬山「歸宗寺」、黃梅「四祖寺」、杭州「靈隱寺」，以及雲居「真如寺」等四個名山古剎的住持。

真如寺在中國禪宗史上有它相當重要的地位，目前該寺的建築已有相當的規模，包括二十多座殿堂，一百四十二間房舍，已超越了唐代鼎盛時期的舊觀，在今天江西省境內的大道場，除了寶峰寺之外，恐怕就要數真如禪寺了！目前該寺的主要建築物，有大三門的牌坊，高七公尺，寬十一公尺，上有「趙州關」三個大字；三門高五點五公尺，有趙樸初居士手寫的紅底金字的匾額「真如禪寺」四個大字；穿過天王殿，便是大雄寶殿，高十六公尺，寬二十七點二公尺，進深二十一點七公尺，建築面積五百九十平方公尺；還有藏經樓、方丈室、禪堂、祖堂、影堂、客堂、功德堂、齋堂、伽藍殿等。因為虛雲老和尚紀念塔距離真如寺滿遠的，步行往還，有相當長一段路，對我們的行程而言，時間已經不夠，所以非常遺憾也沒有去成。

真如禪寺的大雄寶殿，雄偉莊嚴。

由於寶峰寺住持一誠長老，曾在雲居山住了四十多年，他根據虛老的各項儀規，再參考金山寺、高旻寺的規約，編輯了一冊《雲居儀規》。所以現在凡是和一誠長老有關的江西各寺院，都極重視寺院儀規。

二一、九江市區的能仁寺

十月十一日，星期五。

昨晚我們住在九江市內的賓館，今晨六時起床，六時三十分早餐，七時三十分登車出發，前往位於九江市區的能仁寺。經過半個多小時的車程，即抵達該寺三門，現年六十六歲的方丈輝悟法師已在三門外，集合了僧俗四眾弟子，用香案列隊迎接。

該寺的牌樓是宮殿式的，門額上豎著一塊匾額，刻有「能仁禪寺」四個字，是紅底金字鏤金的邊框。進入三門殿，門楣上方有「能仁寺」三個金字；穿過三門殿後，接著就是一條拱橋，橋下是放生池；然後是天王殿，最後則是大雄寶殿。這是一座規模相當大的寺院。在上香禮佛之後，就請輝悟法師為我們開示，而我也給大家做了幾句介紹，然後就到客堂用茶。

有關這座寺院的歷史資料不多，據說它是一座六朝的古剎，初建於梁武帝時代，原名「承天院」；到了明朝的弘治二年（一四八九年），始改為「能仁寺」。它曾經是九江三大叢林之一，鼎盛時期的禪堂，可容五百眾，而現在只有三十多位比丘。文革之後，這座寺院被徵用為一個中學的校舍，聽說因為風水很好，所以高中畢業的學生之中，考取大學的比例很高。

塔高七層的大勝寶塔莊嚴壯觀

輝悟法師是由於一誠長老的鼓勵和邀請，在一九九四年才前來擔任住持。不僅使寺院恢復了昔日的舊觀，也把寺內一座雙檐的七級大勝古塔，重新修復，不論從遠處看、近處看，都是非常地莊嚴壯觀。現將輝悟法師所建的〈維修大勝寶塔碑記〉

的碑文，抄錄如下：

九江古城，舊稱德化，地處吳頭楚尾，實為贛北門戶。南倚匡山，北濱潯水，京九鐵路貫穿，長江巨輪絡繹，交通便捷，得天獨厚也。

一九九四年歲在甲戌仲春之月，悟受任住持能仁寺，自慚德薄，知難而進，本著愛國愛教之精神，勤修三學，恪守六和，革除陋習，整頓清規。本寺為千年古剎，維修大勝寶塔，感謝中央撥款拾萬元，九江市和潯陽區，兩級宗教工作部門，市文化局文管處諸君支持，兩序四眾同心協力，各位居士護法檀越隨喜功德。仰荷

江西省佛協會長，上一下誠大法師，慈悲訓示，竭力籌畫，以實現先方丈雲公遺願，將大勝寶塔葺而新之。但為安全計，原始塔梯，由塔體內外各繞半層，盤旋而上，現改為塔內登梯而上，不再冒塔外攀登之險。餘則保存古老風貌，以期歸真反璞矣。

而今七級浮圖，直插霄漢，莊嚴國土，利樂有情，凡我佛子，諸山長老大德，拜掃登臨，當大發菩提之心，以身作則，履行出家人之本願力，戒貪瞋，

自度度他，諸惡莫作，眾善奉行，則國泰民安，世界和平。

海內外遊客登臨眺望，甘棠煙水盡收眼底，四面雲山一覽無遺，心曠神怡流連忘返矣。嗟夫物換星移，滄桑變幻，斯塔興廢。清同治十一年，白景福重修大勝寶塔碑記，已有言之，故不贅述也。

佛曆三〇二二公曆一九九五年仲夏穀旦

能仁寺住持輝悟謹識

設計單位九江市文化局文管處古建所

承建單位九江華儀建築公司

這座塔初建於唐代宗大曆年間（七六六—七七九年），到了清朝的同治九年（一八七〇年）曾一度修復，最近一次則是在一九九五年。塔的底層，長和寬各二丈六尺，塔高十二丈六點九尺，石鑿斗拱，磚砌牙檐，頂為六角，攢尖上立銅剎，沿塔內旋梯而上，江川樓閣盡收眼底。

現在寺中的建築物，則有大雄寶殿、金剛殿、鐵佛殿、西方三聖殿、地藏殿、觀音殿、祖師殿、藏經樓、禪堂、法堂、方丈樓、客堂、左右齋堂等，建築面積約三千平方公尺，寺院的總面積則為一萬三千三百餘平方公尺。寺院原來的圍相當廣大，現在大部已被地方政府徵收，在寺院貼鄰，建了大批的眷舍，所以環境還算安靜和安全。這座寺院的殿堂規範以及各項規約，都跟一誠長老主持過的雲居山和寶峰寺相近，因此各殿堂的對聯也相當有內容。現在抄錄幾例如下：

法堂

不住實相，不得法相，不生空相，入正法眼藏；
無過去心，無現在心，無未來心，還本來面目。

三聖殿

主伴莊嚴，接引眾生歸淨土；願行成就，超登上品動慈尊。

丈室

抬頭看夜月，九宵高處照禪心；撫掌笑春風，丈室間中空世界。

二二、江西廬山的大林寺

離開九江市區的能仁寺時，已是上午十時，繼續驅車前往廬山。經半小時車程，便抵達廬山山頂風景區的牯嶺鎮，歷史上的大林寺就在該處。廬山是在九江市以南，最高海拔一四七四公尺，平均海拔高度九百公尺至一千公尺，總面積三百平方公里。據說峰嶺綿延、巍峨雄壯，時而瑰麗、時而深幽、時而險峭、時而靈秀。論其景色，四季殊異，春山如夢幻，夏山如油滴，秋山如醺醉，冬山如玉琢，四季景色，美不勝收。夏季的氣溫，和山下相差有七、八度，所以也是名聞中外的避暑勝地。

二千年前，司馬遷登廬山，即將廬山載入史冊，從此，天子名儒、達官貴人、高僧奇士、文人墨客，紛至沓來。或尋芳探幽，或隱居修道講學，留下了數不完的文物古蹟和詩詞歌賦，好像給廬山平添了層層神奇的彩霞，使得尚未去過的人，夢寢嚮往；使得已到廬山的人，留連忘返。

我所知道的大林寺，是由東晉慧遠大師時代的一位曇詵所開創的，亦有一說是智鍇創建的，他還有「守志大林，二十餘載，足不下山」的傳說。然後在六一〇年，四祖道信也曾住過大林寺。

對中國佛教徒們來說，大家都知道在廬山建立蓮社的淨土宗慧遠大師，不過他建的不是大林寺，而是東林寺。

對近代的中國佛教而言，廬山這個地方也是非常重要，主要是跟太虛大師有關。從民國十三年開始，太虛大師先後上廬山的次數，就有五次以上，其中最重要的一次，是在民國十三年（一九二四年）。當年他才三十六歲，就和武漢的緇素大德在廬山大林寺召開世界佛教聯合會，此會也就是現在世界佛教友誼會議的濫觴。當時出席的中國代表，有湖北了塵、湖南性修、江蘇常惺、安徽竺庵、江西李政綱、四川王肅方等十餘人；日本代表則有法相宗長佐伯定胤、東京帝大教授木村泰賢，史維煥為傳譯；其他還有英、德、芬、法等國自承為佛教徒者數人，會期是從七月十三至七月十五日的三天。

到了民國二十二年（一九三三年）的七月，太虛大師到廬山的大林寺講《佛說孛經》；民國二十四年（一九三五年），與日本的來訪友人參觀廬山，並談起由太虛大師出面邀請日本的鈴木大拙到廬山的大林寺演講之事；民國二十五年（一九三六年）七月三日，太虛大師又到廬山，因為當年七月七日發生了盧溝橋事變，在悲憤填膺之下，寫了一首詩，叫作〈廬山住茆即事〉的詩，現照錄如下：

心海騰宿浪，風雨逼孤燈。卅載知憂世，廿年勵救僧。
終看魔有勇，忍說佛無能！擲筆三興歎，仰天一撫膺。

太虛大師並且在那裡發了兩通電報，第一是告全日本佛教徒眾；第二是告全國佛教徒。他是為了確保人類和平，準備奮勇護國，練習後防工作。這種護國、護教、愛世界的精神，溢於言表。接著七月十七日，就在大林寺講出《解深密經．如來成所作事品》，當時聽經的人有戴季陶、朱慶瀾、饒鳳璜、周百朋、張善孖、許止淨等，法會非常殊勝。可見當年的大林寺，在近代中國佛教史上是很重要的，它不僅是佛教的道場，也是政府領袖們工作、開會和訓練的場所。

我不知道現在大林寺的狀況如何，所以聽說要到廬山的避暑勝地，心想大概可以拜訪到當年太虛大師在這裡召開國際會議和講經的道場，心中滿高興的。在上山的沿途中，都有摩崖石刻，漆了紅色的佛菩薩聖號，看起來還是新的，包括：南無釋迦牟尼佛、南無阿彌陀佛、南無消災延壽藥師佛、南無觀世音菩薩，以及文殊、普賢、地藏王菩薩等。幾乎每往山上爬升一段距離，就有一處這樣的石刻，似乎廬山依舊是個佛教興盛的名山。

到了山頂，的確見到了幾位比丘、比丘尼法師，正在恭候我們，除了我已認識的覺海比丘尼之外，我還以為其他數人就是大林寺的出家眾哩！結果有一位比丘告訴我，大林寺已經下了湖，他是「諾那塔

大林寺舊址已淹沒在如琴湖水庫中

院」的住持，希望我能去看看他的道場。可惜我的時間太緊，未能如願，感到遺憾。但是這兩位比丘還是陪著我，在當地的景點「花徑」走了半圈，一直到了廬山賓館，他們才離開。

整個廬山的山頂，叫作牯嶺鎮，據說現在的總人口還不到一萬。那兒有一位當地的領導出來接待我們，他同時也找了一位老先生，拿著兩張已經泛黃了的大林寺舊照片給我看，還告訴我說：原來的大林寺在文革期間已被破壞了，後來為了修築山頂的儲水庫，由於水位升高，大林寺的舊址便被淹沒在水中了，就是現在被稱為「如琴湖」水庫的一部分。他指出大概的位置給我看。那是在一個山峰下面的平台，現在只看到有一棟白牆紅頂的建築物，座落在接近水面的山腳下，原來的大林寺，就在這棟建築物下面的一點點。不過也有一個好消息，因為大林寺在中國史上相當有名，所以正在準備於如琴湖的另一側，靠近花徑景點的一片空地上，重建大林寺。為什麼那個地方叫作「花徑」呢？因為這條路位在通向大林寺的路上，原來是遍植桃花的，唐朝詩人白居易就留有一首名為〈大林寺桃花〉的詩。

一三、蓮宗初祖的東林寺

我們在廬山賓館用過午餐，就向後山方向前進，一路都是下坡，最後到了平地。我正在納悶，不是還要去東林寺和西林寺嗎？怎麼就離開廬山了呢？結果到了三時左右，突然在山腳下看到兩座寺院，那就是東林寺和西林寺了。它們彼此之間距離不到五百公尺。我們首先要去拜訪的是東林寺，那是廬山慧遠大師的道場。

這兩座寺院正對著廬山的北香爐峰，香爐峰的山勢有一支向東延伸，然後由北向南，周圍合攏，而與四周隔絕，就如一座城廓，把兩座寺院包圍在中間。根據歷史記載，東晉孝武帝太元年初（三七六年），釋道安的門人慧永來到廬山，當時潯陽刺史陶範，就開始為慧永禪師建了西林寺。太元六年，又有一說是九年（三八一年或者是三八四年），同為道安的門人慧遠，也來到山中，建了龍泉寺。十一年（三八六年）時，江州刺史桓伊，也開始為慧遠造東林寺。因此東林、西林兩寺，並稱為廬山二林；如果加上大林，應該是三林了。

東林寺外觀

太元十六年（三九一年），也有說是晉安帝元興元年（四〇二年），慧遠在山中另建般若台精舍，安置彌陀三聖像，成為念佛道場。在精舍之前開掘一方水池，種植白蓮，而和慧永、慧持、劉遺民、雷次宗等一百二十三位僧俗同修結盟，願生西方淨土，那就是所謂「廬山白蓮社」了。這座般若台精舍，跟東林寺是一是二，我就不太清楚了，也許就是東林寺的別院吧！因為也有記載，白蓮社就是在東林精舍，所以到現在為止，大家把東林寺當作中國蓮宗的發祥地，而把慧遠稱為蓮宗初祖。

其實，慧遠大師不僅重視念佛法門，也非常重視戒律和禪，他曾經派遣弟子法淨等，前往西天竺尋求經論，就是因為當時已經譯出來的經典中，缺少禪法和戒律。因此，太元十六年（三九一年）就請到了僧伽提婆來到潯陽（郡名，今在江西省九江市，即廬山所在地），譯出了《阿毘曇心論》及《三法度論》兩部論。同時他也和鳩摩羅什三藏通了好多次信，問答了許多問題，之後集成了一本書，名為《問大乘中深義十八科》。姚秦弘始七年（四〇五年），曇摩流支到達中原，他就派弟子曇邕去協助他，譯出了《十誦律》。後來因為佛陀跋陀羅來到廬山，慧遠又請他譯出了《達摩多羅禪經》。因此從西域來的僧人，都稱慧遠為「漢地大乘道士」，可見慧遠大師並不一定僅僅是專門弘揚彌陀淨土的。慧遠的思想非常開闊而又有包容性，特別在他的《沙門不敬王者論》五篇中，提出儒、釋二家「雖曰道殊，所歸一也」，二家是可以並行不悖的，充分表達了儒、佛融合的思想傾向。所以他也是最早把印度佛教轉化為漢傳佛教的主要關鍵人物之一。

另外，在文人雅士之間，常常談到的一幅《虎溪三笑圖》，其中慧遠大師就是主角之一，這是因為《高僧傳》卷六「慧遠傳」中有「自遠卜居廬阜，三十餘年，影不出山，迹不入俗，每送客遊履，常以虎溪為界焉」的一段記載。所以後人傳說：有一天陶淵明和陸修靜來訪，因為談得非常歡喜，送客時邊談邊走，信步過了虎溪橋，忽然間聽到虎嘯的聲音，三人因此相視大笑，留下了一則非常動人的故事。因為他們之中，慧遠是佛教的高僧，陶淵明是儒家的名士，陸修靜是道教的道士，所以三個人談得那麼投契的畫面，是非常逗趣的。這個畫面的故事，從唐朝的李龍眠開始，到了宋朝的蘇東坡、黃山谷，都曾談論。陶淵明在四〇五年時，曾任江西省彭澤縣縣令，跟慧遠在廬山的時代是相近的；可是當慧遠大師（三三四—四一六年）圓寂那年，陸修靜才十來歲，怎有可能參加三笑這一盛事呢？所以這故事不太可信。不過東林寺門前迄今還有一座虎溪橋，並且豎立了一方石碑，我也在碑前和該寺的監院慧日法師留下一張合影的照片，但已見不到虎溪在哪裡了。不過《續高僧傳》卷十七「智鍇傳」中，也有二十餘載足不下山的記載，那三十餘年不出廬山，自有可信之處；至於傳說故事，堪供雅賞而已。

現任東林寺的方丈，是北京中國佛學院院長傳印法師，大概他很少來到廬山，因此是由首座本通以及監院慧日兩位法師代表接待。但是傳印法師特別以電話交代說，聖嚴法師是他的朋友，要好好招待。

現在的東林寺，規模算是不小，在文革前後，曾被用作製造農藥的廠房，後來才撥還給佛教協會，並請果一老和尚來此恢復祖庭。目前寺院的殿堂已經非常完整，在十年之間，除了把寺後的二百二十畝荒山，開墾造林，種植西瓜；再加上國家的撥款和信眾的捐獻，前後修復了神運寶殿、影堂、念佛堂、護法堂、三笑堂、遠公塔院、大雄寶殿、五百羅漢堂、四角七級寶塔等建築物，總計五千五百多平方公尺，佛菩薩像的雕塑有五百三十五尊。

在虎溪橋上，作者和東林寺監院慧日法師笑談《虎溪三笑圖》故事。

寺內尚有兩棵大到需幾個人合抱的羅漢松，在樹旁的石碑上則刻有明朝閔孝慶所書的「六朝松」，相傳是慧遠大師親手所栽；另外在庭院中還有一棵「九頭樟」，枝葉茂密，據說也有八百年的樹齡了。

因為當天時間已晚，我必須要去參拜慧遠大師塔，還得參觀西林寺，所以在寺內只是轉了一圈，並沒有詳細參觀。然後就由本通及慧日二師陪同，前往位於東、西林二寺中間的遠公塔院禮祖。

二四、慧遠塔院・西林寺

遠公塔院，位於二十公尺高的山坡上，原來只有一座紀念塔，而且經過歷代的風霜，早已破爛不堪，後來果一長老在修復東林寺的同時，也把塔院重新增修，才有目前的面貌，而現有兩位比丘守塔念佛，也算是東林寺的一部分。

我僅帶著少數幾位弟子，來到馬蹄鐵型的塔院，正殿是遠公塔，右廂是果一長老的紀念塔，左廂則是護塔的僧寮。遠公塔院正面的門楣上，寫著「遠公塔院」四個大字，左右兩側的門柱有一幅對聯寫著：「慧炬照百千劫，三根普被；遠程隔十萬億，一念橫超。」還有一方新建的「遠公塔」碑文，抄錄如下：

遠公塔

慧遠法師（三三四—四一六），乃東林開山祖及創淨土宗者。山西雁門籍。幼習儒、道，兼通莊玄。二十歲，聞道安公講《般若經》即悟，遂出家。公

遠公塔院

元三八一年來廬山寓西林。嗣由刺史桓伊，於公元三八四年建東林寺。後集僧俗一二三人結蓮社，修淨業，外遣弟子往西域求佛經及請梵僧來華翻譯；內肅正法門，嚴持戒律，弘三藏，倡禪觀。自證念佛三昧，住東林三十餘載，至八十三歲圓寂。歷受謚辯覺、正覺、圓悟大師尊號。

我在塔院丹墀的石階上禮拜之後，進入塔殿。塔身下面是由巨石砌成，上面則鋪以卵石，整體看來就像是一個覆缽的造型。塔有二人高，在塔的正面有一幅遠公素描畫像，我繞塔三匝，體驗他的悲願。

同時我也想到一個問題：若以通俗的中國佛教而言，大部分人都知道慧遠大師是中國蓮宗的初祖，但是傳去日本的淨土宗，初祖卻是善導大師。如果從歷史的資料來看，慧遠大師是重視禪、律，以及《大智度論》所講空的義理，他是把佛法和中國文化融合創新的思想家及實踐家。至於他弘揚淨土的相關著作，則並不明顯，甚至廬山蓮社的十八高賢所組成的團體，代表撰寫誓願文的也是謝靈運，而非慧遠大師。由此可見，慧遠大師贊成禪修和淨土法門的說法，應該是可信的；至於說他是專門提倡西方淨土法門，則未必見得。因為在中國歷代的善知識之中，留下相關西方淨土名作的，並沒有見到慧遠大師。

作者繞慧遠大師塔三匝，體驗大師悲願。

我來禮拜慧遠大師的紀念塔，不是因為他是蓮宗的初祖，而是感念他對漢傳佛教的影響。他的心量廣大，不但接納從西域來的多位大德高僧，甚至向他們輸誠求法，並派弟子協助他們。雖然傳說他足不出廬山虎溪三十多年，但他不僅在當時名仰天下，直到現在，還是能與羅什三藏南北齊名，他真是一位震古鑠今的大善知識。如果沒有慧遠大師為漢化佛教樹立榜樣，中國佛教的形成，可能還需要一段時間。

桓玄曾以「震主之威」，逼召他出山做官，他不為所動；晉安帝自江陵旋于京師，勸他候覲，他仍「稱疾不行」；他於八十三歲臨終之前病篤體弱，有人勸他「請飲豉酒，不許。又請飲米汁，不許；又請以蜜和水為漿，乃命律師令披卷尋文，得飲與不？卷未半而終，春秋八十三矣」。自持自律，如此嚴謹，佛教史上實不多見。

離開遠公塔院之後，接著就到了西林寺。這所寺院創建的年代和東林寺相近，開山的是慧永法師，其後資料不詳。但是有一位在臺灣出家的覺海比丘尼，回到大陸的廬山，親近東林寺的住持果一法師，在那裡一住就是兩年。他受到果一長老身教、言教的感動，特別是復興東林寺祖庭的苦心，所以襄助東林寺重建的籌款工作。後來九江市統戰部的組長及宗教科科長特別前來向他致謝，同時和他商量重建西林寺的構想，並且要求他留在大陸長住下去。就這樣，這位覺海法師在一九八九年四月離開東林寺，發願重建西林寺。同時回到臺灣勸說他俗家時代的丈夫傅朝樞

應覺海法師（右坐者）邀請，為西林寺大眾開示。

先生，變賣在臺灣和香港的家產，並動員他俗家的子女資助，因此聚集了一筆可觀的金錢，資助重建西林寺的工程。

根據一份〈廬山西林寺覺海法師略傳〉可知，覺海法師首先購買由政府撥出的兩萬平方公尺農地，用石材砌了三公尺高的圍牆，在一九八九年至一九九二年的第一期工程期間，修復了千佛塔，興建了大雄寶殿、左右寮房、接待室、齋堂、三門，另外也增購了土地十畝。一九九二年十二月到一九九六年十二月的第二期工程期間，完成了天王殿、彌陀殿、地藏殿、觀音殿、玉佛殿、伽藍殿、藏經樓、大客堂，大齋堂，以及用石材砌了兩口池塘，同時裝塑佛像四十八

蘇東坡名詩〈題西林壁〉

尊，供於各殿，為千佛塔塑像一千零八尊。全部工程歷經七年，投入人民幣一千餘萬元。

現在的西林寺，規模不亞於東林寺，它的三門正向就是廬山。我相信有很多人對蘇東坡一首名為〈題西林壁〉的詩非常熟悉：

橫看成嶺側成峰，
遠近高低各不同；
不識廬山真面目，
只緣身在此山中。

這首詩我從小就會背，所以我在前往大林寺的路上，就順著盤旋而上的山勢，體驗著前兩句詩的畫面。至於後兩句的畫面，我一向以為是在廬山的山裡或是在山峰環繞的某一處山拗裡才能體會，在平地或山麓是體驗不到的。想不到身歷其境之後，才發現站在西林寺仰面朝著廬山頂的牯嶺鎮的方向端視，就可以看到群峰和巒嶺，起起伏伏，剎那間也感覺到自己彷彿就是身處在山中。

這首詩讓我嚮往廬山好久了，詩人筆下的意境，已經躍然紙上，真是一首絕妙的好詩。我也常常用「不識廬山真面目，只緣身在此山中」這兩句詩，來比喻當局者迷，旁觀者清；一般人對自己的身心狀態知道得不多，觀察別人的時候，好像都很清楚。不過由於這首詩是宋朝的蘇東坡所題，也可以證明那個時代的西林寺，還是相當完整而且是有規模的道場，至於以後怎麼會沒落的，我就不太清楚了。現在覺海法師有當地政府的支持，發心把西林寺重建起來，這是值得讚歎的事。

目前的巍峨殿宇，陪襯著廬山的自然景色，看起來相當莊嚴秀麗。前面曾提到覺海法師修復了該寺的千佛塔，表示那是一座古塔，一九八九年之前雖然寺宇已經不復見了，但還留有一座名為「磚浮屠」的千佛塔。據說此塔是在唐玄宗開元年間敕建的，原是石塔，北宋慶曆元年（一〇四一年），一位名為管仲文的人士，耗時九年，將石塔改建為七層六面樓閣式的磚塔，高四十六公尺，周長三十二點四公尺。基層是南、北兩面開門，第二層是東、西兩面開門，也可以沿梯直登七層的塔頂覽勝。到了明末的崇禎五年（一六三二年），有一位照真法師曾對這座磚塔進行了大規模的整修，每層內外均有佛龕，供奉佛像，每尊泥塑的佛像高一尺餘，有的裝金，有的粉彩。到覺海法師重修的時候，原有佛像只剩數十尊，而且塔基裂縫，塔身傾斜，塔頂無存，到一九八九年才全面修復，成為現在的千佛塔。同時也從緬甸請來玉佛一尊，供於頂層，這可以說是西林寺唯一的古蹟了。

這位重建西林寺的覺海法師，和我認識至少已經三、四十年了。他是白聖長老的剃度弟子，我是白聖長老的學生，所以也

西林寺七層六面閣樓式的千佛塔

有同門之誼。但是他很客氣，見面的時候都稱我為師父。同時，多年來由於他的關係，他俗家的兒子傅雅堂夫婦，義務在紐約為我們印刷每月一期在北美發行的《法鼓》雜誌，不僅不收工資，連紙張都是送的，所以就想趁這一次機會向他當面致謝。想不到我們才到九江的能仁寺，就見到了他和他的弟子，我還以為他正在能仁寺做客，其實他是從西林寺專程前來迎接我們的，然後一路把我們送上了廬山牯嶺的大林寺，才提前回去準備下午接待我們。

目前在西林寺，覺海法師已經剃度了二十多位比丘尼弟子，由於我們的來到，讓他們全寺忙了好幾天，準備了許多的菜包、粽子、餅乾、水果、礦泉水等。水果相當新鮮，有些是買的，有些是在該寺的果園摘的。我看到一大盤香噴噴的菜包，忍不住接連吃了兩個，以致當天的晚餐都吃不下了。同時他又送了我們剛從樹上摘下的許多橘子，我們就像是一批餓慘了的乞丐過境，又吃又帶，幾乎一掃而光。不僅如此，當我們回到九江賓館的時候，又看到覺海法師和他的弟子，帶著大批景德鎮瓷盤，盤面印有各種不同的菩薩像，在旅館門口分送給我們的團員，每人一只。最後又剩下幾箱，說是準備給我帶回臺灣的。但是因為瓷器在旅途中容易破碎，不太好帶，所以只有婉謝他的盛意了。像這樣的盛意，讓西林寺成為我們此次行程中最令人難忘的一個寺院。正因為他的願大、心大、量大，才能夠成全這樣大的道場。有人問起我曾經幫過他什麼忙沒有？說來慚愧，我這一輩子只有人家幫我的忙。如果要問什麼原因，我想除了覺海法師對我們法鼓山的慈悲，就是我們五百位團員的福報了。

二五、禪宗四祖的正覺禪寺

十月十二日，星期六。天晴。

今天早上五時起床，五時半早餐，六時半即登車前往湖北省黃梅縣的四祖寺。它的位置是在縣城以西十五公里處，破額山的山腳下。我們原本計畫要先訪五祖寺，再訪四祖寺，但由於五祖寺在城東十二公里處，和四祖寺是相反的方向，而當天我們又要趕四個省的行程，即從江西進入湖北、經過安徽、再到福建，時間非常緊迫，因此無法兼顧。由於四祖是在五祖之前，所以我只有接受旅行社的建議，越過五祖寺，而僅參訪四祖寺了。對我來講，這兩個寺其實是同等重要的。

當我們進入湖北省的邊界之時，五祖寺的方丈見忍法師，以及湖北省佛教協會的正慈法師，都已在九江的橋頭迎接，後來還一直把我們送過湖北省的邊界而進入安徽省。見忍法師只有三十多歲，非常年輕優秀，雖然我們沒有去五祖寺，但是我們要送的紀念品和禮物，就由見忍法師在四祖寺代表接受，也可算是彌補了一些遺憾。

從佛教史傳的記載所見，知道四祖道信（五八〇—六五一年）曾經在廬山大林寺住了十年。有一段時間逗留在南方參學，應該和南朝佛教的「三論宗」及「天台宗」是有過接觸的，這和他後來弘揚的禪法是有關係的。四祖到黃梅的雙峰山，開創四祖寺，在那裡住了三十多年才圓寂，五祖弘忍也就在那個時候投入他的門下，參學悟道的。當時雙峰山的道場，究竟叫作什麼寺，不太清楚，據說就叫「雙峰寺」或者「正覺寺」。

雙峰山，原名破額山或破頭山，又名西山，位於大別山主峰前沿，總面積八平方多公里，海拔一千多公尺。唐朝詩人柳宗元就曾寫過一首名為〈破額山〉的詩。後來因為禪宗把道信尊為第四祖，所以又稱它為「四祖寺」的四祖山。四祖寺創立的年代，據說是在唐高祖武德七年（六二四年），而據印順法師《中國禪宗史》的推測，道信住在雙峰山的年代，大約是西元六二〇至六五二年之間，也就是唐高祖武德三年至唐高宗永徽三年期間。

我們從禪宗史上知道，五祖弘忍的道場是在黃梅，其實四祖山也在黃梅。不過破額山或雙峰山，是在黃梅縣城之西，所以稱為西山；五祖山是在黃梅縣城之東，所以稱為東山。因此稱道信所弘的為西山法門，弘忍所傳的為東山法門。他們兩人的法門，雖然同為六祖以前的「楞伽師資」，也都是依據達摩祖師從印度帶來四卷本的《楞伽經》為禪學思想的中心。可是，四祖和五祖師徒兩人之間的禪法，仍然有些不同的特色。這一點，我們可以將四祖所寫的《入道安心要方便門》和五祖所寫的《修心要論》對照著讀，便可明白。他們兩代之間，既有一貫性，也各有特色。不過東山法門就是繼承著道信的思想、觀點，所以《入道安心要方便門》也是五祖弘忍所服膺的。

我們到了雙峰山下，再穿過一天門、風棲橋、龍鳳塔、二天門、靈潤橋，接著就見到四祖寺的三門了。它是由青白石條砌築而成，高七點八公尺，寬六點六公尺，十分雄偉壯觀。門楣上有一塊金字匾額，是趙樸初所寫的「四祖正覺禪寺」，該寺方丈是我們已在廣州光孝寺拜見過的本煥長老，當天則是由現年五十二歲的監院堅光法師和知客印悟法師出面接待。同時在這兒我們也見到了本煥長老的祕書印順法師，他是武漢大學畢業，在光孝寺已經見過一面，而今天是特地趕到黃梅來接待我們的。因為本煥長老年事已高，不再問事，現在四祖寺實際的方丈就是堅光法師。他們以隆重的禮節，捧著香案，列隊在大門外迎接。

因為該寺依山而建，逐步向山坡上延伸，所以從天王殿到大雄寶殿，一進比一

正覺禪寺規模雄偉

進高。大雄寶殿是採用現代化鋼筋混凝土的建築材料，但外貌還是宮殿式的，雕樑畫棟，重檐琉璃瓦，共有七大開間，進深五間，前後有走廊，大的柱角三十六根，建築面積達八百六十五點七平方公尺，高十八點七公尺，寬三十四點一公尺，長二十五點七公尺，規模雄偉，有全國性大叢林的格局。

我在大殿上香禮佛之後，堅光法師就由印順法師及見忍法師陪同，向我們致歡迎詞。我到了四祖寺，就像回到自己的家一樣，因為我在指導禪修時，常用四祖的《入道安心要方便門》。同時我很早就知道，中國禪宗寺院生活真正的開創者，應該是從四祖道信開始。因為在這之前，菩提達摩、二祖慧可，乃至三祖僧璨，並沒有形成聚居一寺的僧團生活。早期的中國禪者們，都是一人一室，或者一人住一個精舍，或者是居無定所，過著隨遇而安、木食澗飲的生活，並沒有固定的場所成就許多人來群居禪修，也沒有辦法培養出大批的禪修人才。

直到四祖道信開創了雙峰山的東山門庭，才形成了一個類似佛世的大伽藍。依據《續高僧傳》卷二十的附傳所說，四祖道信「自入山來，三十餘載，諸州學道，無遠不至」；又說在他圓寂之時是「山中五百餘人，並諸州道俗」；另外在《曆代法寶記》也說：「信大師大作佛事，廣開法門，接引群品。」可見當時在道信的雙峰山道場，已經是一個五百人共修的大僧團，這在以前的中國，是從來不曾有過的事。至於他們的生活，似乎並不是靠著朝廷的接濟和信徒的布施，而是採取自耕自食的方式。所以大陸在一九九四年冬天，於黃梅召開的「禪宗與中國文化國際學術研討會」中，學者專家們曾提出了一個看法。他們認為禪宗的叢林，應該是初創於道信，形成於弘忍，發展於惠能，而農禪並重的修行制度也是由道信開創的。五祖弘忍在雙峰山道信門下的時代，就是白天帶頭勞作，晚上潛心禪修。像這樣的論點，雖然並沒有多少直接資料可為佐證，但似乎是可以被接受的。因此我認為道信的禪風，已與早期中國獨處隱居式的禪者，大不相同。這也正是今後世界佛教的禪修團體，必須思考的生存之道。

我們來到該寺的主要目的，是禮拜四祖的紀念塔及四祖洞，可是因為它位於寺院西北的山崗上，步行要二十分鐘，因此來不及仔細參觀寺院的各殿，便跟著團體，從一條羊腸小徑爬上了山坡。我畢竟年紀大了，爬一段就休息一陣，一共休息三次。每次回頭看到四祖寺的建築群，都有不一樣的感覺。它包括了天王殿、大雄寶殿、觀音殿、祖師殿、禪堂、客堂、藏經樓、鐘鼓樓、方丈室、齋堂、僧寮等。

祖師塔現名為毘盧塔，俗稱慈仁塔，或真身塔，據說是建於唐高宗永徽二年（六五一年）。雖然經過不知凡幾的興毀，它的塔基據說還是原物，而它現在的形貌，是一個四方形的單層塔，塔身是青磚仿古結構，塔高十一公尺，塔基面闊十公尺，進深也是十公尺。不論從它的頂、門、牆、柱、樑、椽等來看，都很有古建築的藝術價值。

這座塔的頂端砌有三個大小不同的青石塔頂，塔的四方上部，有磚雕的「迦毘羅城誕生塔」、「摩迦羅國證道塔」、「迦尸國轉法輪塔」、「舍衛國現神通塔」

等字樣。而塔中所供的塑像，也不是四祖道信，是一尊毘盧遮那佛像。因供著毘盧遮那佛，所以稱為毘盧塔。不過當地人告訴我說，那就是四祖道信的紀念塔。

我去禮塔的時候，是由五祖寺的見忍法師陪同，回程時他慈悲體量我年老體衰，正好塔旁有一輛沿著山路上行的小型汽車經過，他就請我坐了上去，代步下山，並且由他付了車資。不過，雖然省了步行，卻並不舒服，因為那條路根本不像車道。當我們繞來繞去地回到四祖寺的三門時，跟我同時下山而採步行的團員們，竟然先我到了寺前。

至於四祖洞，尚在四祖塔的後方山上，許多團員上去禮拜了向我報告。

作者攝於正覺禪寺祖師塔前

可惜我已無法上去，一則體力不濟，再則時間不夠，深覺遺憾！

從祖塔回到寺內後，接著就去祖師殿禮祖。該殿門框的左右兩側有一幅對聯寫著：「道德超人群，闡般若融禪教；信念源佛祖，創叢林度眾生。」兩邊柱上也有幅對聯寫著：「正大光明，弘揚聖教，廣度有情；覺性自如，闡述禪法，直指明心。」法堂的對聯則寫著：「法門龍象，弘教降魔眾；堂中獅吼，音聲震大千。」

既然來到了黃梅，是不是真的有黃梅樹呢？果然庭院中有一棵枝葉茂盛的古梅，它的標示牌告訴我們，此樹距今已有三百多年的樹齡。另有一棵名為「雲柏樹」的古樹，它全身上下沒有一寸樹皮，而它的樹冠卻像是一朵綠色的雲彩，停在一株拔地而起的枯木頂端，傳說那是四祖親手所栽的古柏，已有一千三百多年的歷史。

在四祖寺看到幾項規約，可供參考，茲錄如下：

（一）常住規約

為弘揚佛教文化，傳承祖師道場精神，恪守「六合」，特制定本規約，希望大眾師共同遵守。

1.本寺遵依佛制，半月誦戒，每星期間講《四分律》二次，及菩薩戒一次，以便遵行。

2.本寺僧伽，概不出寺應赴經懺，其有延生薦亡及襯錢之名，得就本寺，否則不共住。

3.本寺僧伽，均須遵守佛戒，及本寺各項規約，如有犯根本大戒，及夜不歸宿者，不共住。

4.本寺僧伽，若有私吃葷、酒、看戲、吸菸者，不共住。

5.本寺僧伽，如有鬥爭是非，破口漫罵，打架鬥毆者，惡意傷人者，不共住。情節嚴重者，交司法機關處理。

6.本寺僧眾，出入須到客堂告假銷假，若在外放逸，經教育不改者，不共住。

7.早晚二時課誦、應供，要威儀整齊。不肅者，罰，經教育不改者，不共住。

黃梅縣四祖正覺禪寺客堂

二〇〇二年二月一日

（二）財務制度

為加強叢林統一制度，規範管理寺院經濟更好的完善收支等各項事務，特立如下制度：

1.財金要做到日清月結，現金盤存。平衡表數相符。

2.開支費用要經當家師、客堂執事會，通過批准，方可開支。

3.開支發票，要有事由經過、經手人、日期、無事由經過不得報銷。（杜絕打白條）

4.開支發票，要經當家師簽字同意，方可報銷。

5.出差不能租車（財經存款，公傷事故除外）。其它事由，個人出差車費，不得報銷。

黃梅縣四祖正覺禪寺常住

二〇〇二年二月一日

（三）客堂制度

為完善叢林規約，執行祖師道場遺風，管理好客堂的日常工作，特擬定如下制度：

1.客堂是寺院的形象，其自身應以身作則，為人師表，以便行使職權，做好典範。

2.客堂應做好當日的各項寺務安排，客堂每日須有當值知客，做好接待，安排寺務等工作。

3.來寺掛單僧伽，須持三證（身分證、戒牒、寺院證明）方可掛單，沙彌須持身分證、出家寺院證明方可。

4.來往居士、信眾，如須留宿、用餐者，應到客堂登記，客堂應開出收據交典座或寮元師方可。

5.僧人起單，客堂執事應到客寮進行清單，做好迎來送往。

6.凡來參觀、旅遊人，一律不開支紀念品，來客付有招待費、茶款，由客堂及時開好收據，交給付款人。

7.有其它食物，客堂可實行臨時通知。

黃梅縣四祖正覺禪寺客堂

二〇〇二年二月一日

（四）請假制度

出家應以寺為家，不應多請假，按〈金山寺規約〉無公事私走檀護家，及本俗家者，定非潛修人，即令出院。結合本寺實際，可以通融，有大事者可以請假，但必須按本制度行事：

1.外省僧人，在本寺常住者，滿八個月後可以請假，但不能超過半月，每年的假期總和，不能超過二十天。

2.本省外縣的僧人，超過二百公里以外的，按外省同假。

3.在二百公里之內的，每次假期不能超過七天，每年共計假期不能超過三十天。

4.執事離寺一個月者，自行免職，超過兩個月以上者，不算常住僧人，要住另行掛單。

5.無論任何人，離寺半月以上者，本月不發給月單。

6.以上制度，望各位自覺遵守，客堂應記好假期登記。

黃梅縣四祖正覺禪寺客堂

二〇〇二年二月一日

（五）學習制度

為貫徹全國全省宗教工作精神，積極引導宗教與社會主義相適應，發揚愛國愛教的優良傳統，提高僧才素質，學習以政治、寺院管理及佛教教務活動等各項為主題，特立如下制度，望共同遵守：

1. 本寺為造就弘揚佛法，講經研論，及宗教儀軌，特設立學習課堂。
2. 常住僧眾，應以自覺學習為己任，其誦經齋法一如平日。
3. 每星期二、五到課堂學習常住布置的課程。
4. 僧眾除要學習政治、佛學、書法外，還應自修根本的參禪、念佛及經咒等。
5. 其他未盡事宜，隨時由常住執事會修正。

黃梅縣四祖正覺禪寺客堂

二〇〇二年二月一日

（六）百丈大智禪師叢林要則二十條

叢林以無事為興盛。修行以念佛為穩當。

精進以持戒為第一。疾病以減食為湯藥。

煩惱以忍辱為菩提。是非以不辯為解脫。

留眾以老成為真情。執事以盡心為有功。

語言以減少為直截。長幼以慈和為進德。

學問以勤習為入門。因果以明白為無過。

老死以無常為警策。佛事以精嚴為切實。

待客以至誠為供養。三門以耆舊為莊嚴。

凡事以預立為不勞。處眾以謙恭為有理。

遇險以不亂為定力。濟物以慈悲為根本。

二六、未上五祖山，去到三祖寺

按照道理，訪問了四祖寺，就應該去拜訪五祖寺的。因為五祖弘忍（六〇一—六七四年）在雙峰山親近四祖道信，大概有三十年的時間，道信去世之後，他就在雙峰山之東的憑茂山，建立了五祖寺。這也是一個大僧團，甚至超過了四祖的道場。根據《傳法寶紀》的記載說：

既受付囑，令望所歸，裾屨湊門，日增其倍。（二）十餘年間，道俗受學者，天下十八九，自東夏禪匠傳化，乃莫之過。

例如六祖惠能和神秀呈偈顯悟境高下的故事，就發生在五祖寺；六祖得法之後，便連夜逃往嶺南的故事，也是發生在那裡。

五祖寺的憑茂山，海拔八百多公尺。最盛的時期，有僧侶一千三百多人。當然它也是經過歷代的興廢滄桑，最後一次是在清朝咸豐四年（一八五四年），和四祖寺一樣，毀於太平天國之亂。從一九八六年開始，漸漸修復，根據資料所知，現有大雄寶殿、五祖真身殿、五祖生母殿，觀音殿、毘盧殿、祖堂、天王殿、六祖殿、地藏殿、禪堂、客堂、齋堂、方丈室、長春庵、鐘鼓樓等。

現任方丈見忍法師，一九六六年出生於湖北天門市，一九九〇年在武漢歸元寺出家，一九九四年到五祖寺擔任監院，經過他的整頓，目前該寺已是全國聞名。我們這趟無緣前往，記其大概，以資誌念。

我們這一天在四祖寺分兩批過堂，用了午餐，

三祖寺

即登車前往安徽的潛山縣。目的地是位於天柱山風景區的三祖僧璨大師道場，名為「乾元禪寺」。經過兩個多小時的車程，首先到了潛山縣縣城的市區，我們整個車隊通過的路線，幾乎每個街口都有兩位交通警察在管制交通，以及照應我們的安全。不久，天柱山的大三門已出現眼前，上面懸掛著歡迎我們蒞臨的長幅紅布條，我們以為應該快到三祖寺了，結果還要車行將近二十分鐘，才真正地抵達三祖寺。乾元禪寺的現任方丈是九華山佛學院院長藏學法師，今年三十三歲。為了歡迎我們，九華山佛學院的三十多位學僧，還特別坐了三個多小時的車子前來此地。

三祖寺位在天柱山的山麓，是在一個拔地而起的小山峰上，依山而建，幾乎沒有腹地平台。我們從三門被迎請進入寺內，先到了三門殿，然後就登上了陡直的石階。我們為了之後還要趕到合肥乘飛機前往福州，時間有限，所以在該寺只有三十分鐘可以逗留，以至於這批年輕的法師把我連拖帶拉，帶上了該寺最高處——祖師殿前的廣場。因為爬坡太陡且急，幾乎把我累得暈倒了，後來藏學法師想到一個辦法，讓我坐在椅子上，由三位二十多歲、個兒高、力氣大的學僧，把我抬了上去，使我感到滿狼狽的。我一向不怕步行也不懼登高，此時就是拚不過年輕人，因此我向這位方丈講，以後接待像我這樣年齡的老人家，最好不要這般急。

由於爬坡過陡，三祖寺學僧合力抬作者上山。

其實他也是無辜的，要說抱歉的應該是我，因為他們為了我們的來到，已經準備很久了。該寺的僧俗四眾以及地方官員，同心協力以最隆重的禮節接待我們。譬如說，除了天柱山大門的那幅歡迎紅布條之外，在三祖寺還有三幅歡迎的紅布條，分別懸掛在三門殿、大雄寶殿、祖師殿前，其他道場是沒有如此多的。他們也準備了好多的禮品送給我們團員，最足以紀念的是一把精美的摺扇，扇面是藏學法師的題字。這位法師雖然年輕，可是在我一九九六年訪問九華山時，他就已在佛學院擔任教務的工作，所以非常地優秀，對我也極其恭敬。

當我被抬到祖師殿的塔院門前時，有一位年輕的比丘，非常安詳恭敬地站在門邊迎接，海青的衣擺在風中輕微地飄動，而他全身上下，倒像是一尊塑像，或者像是入了定的樣子。這個畫面讓我感到滿心歡喜，在三祖寺竟有這麼威儀的年輕比丘。

我們到了後山的祖師殿前，雖然已經沒有時間，除了還是請我開示外，藏學法師和潛山縣的縣長韓冰先生，也分別致詞，表示歡迎。好在另外有一條汽車道路，可以從三門繞道到祖師殿，所以當我們離開之時，就不需再沿舊路拾階而下了。既然如此，為什麼還要從前三門進去呢？理由很簡單，去三祖寺覽勝進香，當然要一個殿一個殿地走上去。如果不是為了趕時間，能夠從從容容在該寺瀏覽半天，那實在是一個非常幽靜而莊嚴的佛門勝境。

據說三祖寺始建於梁武帝時代，開山祖師是當時的一位神異僧寶誌禪師（四一八—五一四年）。到了隋代，三祖僧璨禪師來到此處，將它發展成一個禪院。有關僧璨的歷史記載，資料不多，連《續高僧傳》也未記錄，不過卻在《隋書》卷五十七等處，見到了一些蛛絲馬跡，說他在隋文帝開皇十二年（五九二年）度了沙彌道信之後，就去了廣州惠州府的羅浮山，接著又轉到皖公山，最後圓寂於隋煬帝大業二年（六〇六年），歸葬於現在三祖寺的後山。到了唐玄宗天寶四年（七四五年），舒州別駕李常素仰三祖宗風，取三祖真身火化，得舍利三百顆，並為之建塔。唐肅宗時代（七五六—七六二年）敕該寺名為「乾元禪寺」。唐代宗大曆三年（七六八年），朝廷謚號為「覺寂塔」，現把這座塔的歷史碑文抄錄如下：

覺寂塔在山谷寺（亦名三祖寺）內，通稱三祖寺塔。唐天寶乙酉年（公元七四五年）舒州別駕前河南少尹李常經始建，丙戌中成（公元七四六年）唐大曆三年（公元七六八年）夏四月揚州牧御史大夫張延賞奏請朝廷得冊，號塔曰覺寂塔。唐武宗會昌間滅佛法，塔毀。唐宣宗大中初塔復制。明嘉靖癸丑年（公元一五五三年）塔院僧了瑩募緣重修，至庚申年（公元一五六〇年）乃獲蒞成。明萬曆戊子年（公元一五八八年）十月又修理了塔頂。現在的塔，塔剎是宋乾道八年四月以生鐵鑄成。塔體為重修時以磚石砌成。該塔五層八方，塔頂八向繫鈴。風動鈴響，其聲悅耳斗栱布局嚴謹，塔壁鏤有佛像。各層外有磚砌環衛，內有臺階可登。外旋中空，出入相制。一九八一年九月安徽省人民政府公布為省級重點文物保護單位。

儘管三祖的事蹟我們知道得不多，但是這座三祖寺內，倒有不少古蹟和歷代名人的題刻。例如「三祖山摩崖石刻」，現在還存有十一幅，其中有宋朝的黃庭堅、明朝的御史大夫李元陽等手跡；還有「山谷流泉摩崖石刻」；因為三祖寺又名山谷寺，現存題刻三百餘幅，包括唐朝的李翺、李德修，宋朝的蘇東坡、黃庭堅等，其中內容直接涉及三祖寺的共有六幅。

覺寂塔

歷代曾任三祖寺住持的禪師並留有記錄者有十多人，在一九八一年以後，先後擔任三祖寺方丈的，則有覺開、恆願、寬康、宏行，直到現在的藏學。從一九八七年至一九九七年的十年之間，該寺先後修復和重建的殿堂，從大門開始的中軸線上，有三門殿、天王殿、大雄寶殿、三祖洞、寶宮殿、塔院門、無樑千佛殿、覺寂塔、祖師殿和藏經樓；在中軸線的兩旁，有東、西寮房、五觀堂、法堂、尊客堂、無相門、海會堂等建築群，總建築面積七千多平方公尺，耗資一千一百多萬元人民幣。現在寺內除了有一尊重達十噸的漢白玉釋迦佛像之外，另有各重一噸的漢白玉迦葉像、阿難像，還有銅鑄的釋迦太子像，以及千手觀音、彌勒、韋馱、達摩、慧可、僧璨、寶誌等像，各重約三百公斤到五百公斤；此外歷代住持的墓塔二十九座，碑刻十七塊，藏經樓藏有《龍藏》二部。可見今天的三祖寺在大陸安徽省來講，已是甚具規模且有代表性的一座古剎。

我在三祖寺感受最深的，是因為《景德傳燈錄》卷三十中的三祖僧璨大師〈信心銘〉，是我在美國早期指導禪修時的講本，我幾乎已能夠背得出來。在我講出之前，已經有人把〈信心銘〉翻成了英文，文字相當優美，只有若干處會錯了意。於是我就參考那篇英文譯稿，重新對照原文，邊講邊譯，使我受益良多。後來有一位普林斯頓大學（Princeton University）的教授，把我英語翻譯的錄音稿整理編輯成書，書名為 *Faith in Mind*，出版之後，又被許多國家翻成不同的文字，出版發行。其中包括義大利文、德文、法文、俄文……，這都是我的意外收穫，也成了我英文講錄中的代表作。所以我來到三祖寺，除了瞻仰，就是感恩，雖然近代有的學者考證，認為〈信心銘〉不是出於三祖僧璨之手，而是四祖道信的另一傳法弟子牛頭法融所作（見於印順法師的《中國禪宗史》一一四頁及一一五頁）。但是無論如何，這是三祖僧璨大師住過的，可以體驗一下當初三祖修行的環境。

二七、從合肥到福州

我們從三祖寺登車出發之時，已是黃昏時分。從三祖寺到合肥機場的路滿長的，它的距離相當於臺北到嘉義，甚至更遠一些，預定二個小時三十分可抵達。雖然我們行駛的都是高速公路，而且中途沒有休息，結果還是超過了一個小時，直到晚間九時四十五分才抵達合肥機場。幸虧我們是包了三架飛機，所以還不致趕不上飛機。

雖然我們沒有辦法參訪合肥當地的道場，可是安徽省佛教協會的常務副會長兼祕書長，也是合肥明教寺方丈妙安長老，仍然帶著一位年輕比丘，由安徽省宗教事務局局長白泰平陪同，到機場照顧我們，並且分別送給我一份禮物。妙安長老送的是一幅菩薩畫像，白局長送的是一套安徽的名產，也就是古代讀書人必備的文房四寶，並且把我們帶到機場的貴賓室，一邊以盒飯代替晚餐，一邊等候登機。而他們當地佛教協會和宗教局的幾位法師和官員，也一直陪我到登機為止。從這一點讓我體會到大陸宗教局以及中國佛教協會，對於我們這趟佛教古蹟巡禮之行的關心，從上到下極為貫徹和用心，我們無論到哪一個定點，都會有相關單位的人員前來接應和照顧。

不過從合肥到福州這段航程，還是發生了兩樁有驚無險的小插曲。第一樁是航空公司不讓我們登機，理由是他們沒有收到我們旅行社預付的包機費，可是亞星旅行社在此之前早已將款項付給航空公司的代理商了。因為航空公司沒有收到錢，說什麼也不讓我們登機，結果亞星只好臨時再以二十五萬元人民幣的現金重付，直到廈門，才把這筆錢又追了回來。第二樁則是我們的第二架包機起飛之後，約十分鐘就聽到機上廣播，說飛機出了些故障，必須馬上折回合肥機場；機上一百多位團員聽到消息後就一起念佛，平安回到合肥機場，換了飛機之後，再度起飛。經過這麼一趟折騰，抵達福州機場時，已是快天亮了。

今天我們從江西的九江、湖北的黃梅、安徽的潛山、合肥，到達福建的福州。一天之間就走了四個省分，其中有江有湖，真的是名符其實的奔走江湖，也無怪乎今天是全程中最緊張、最複雜、發生狀況最多的一段。

二八、福清市黃檗山的萬福寺

十月十三日，星期日。晴。

昨晚抵達福州的長樂機場時，福建省佛教協會祕書長本性法師，也是福州開元寺的住持，已經率領著當地的比丘、比丘尼和居士代表，拉著一長幅寫著「熱烈歡迎臺灣法鼓山大陸佛教聖蹟巡禮團蒞閩參訪」的紅布條，在登機門的出口處等候我們。之後，他還一直陪著我們，直到我們離開廈門為止。

當天上午，我們留在福州的福清飯店休息，等待各班次的包機陸續抵達。十一時三十分進午餐，十二時三十分登上大巴士前往福清市郊外的黃檗山萬福寺。經過一個小時的車程，抵達漁溪鎮梧瑞村的黃檗山。此山距離福清市二十多公里，是在十二個群峰環繞之中，猶如一座蓮花。它和百丈山、雲居山的地形狀況非常類似，而這座寺院就是建於蓮台正面的山坡上，腹地非常寬暢。

現任方丈是三十四歲的悲昇法師，他原籍山東，一九九〇年畢業於福建佛學

萬福寺的大雄寶殿

院。該寺在一九八九年成立了黃檗山萬福寺修建委員會，主任委員由妙湛法師擔任，一九九〇年悲昇法師畢業之後，就被妙湛法師推薦擔任該寺的住持；但他直到現在，還謙稱自己是監院而不是住持，其實除了他之外，並無另外的住持。

當天他帶著監院道昌法師和該寺的僧俗男女四眾，捧香案列隊到總三門迎接我們。我下車之後，遠遠就看到三門上掛著一幅歡迎的紅布條，寫著「熱烈歡迎臺灣法鼓山大陸佛教聖蹟巡禮團蒞寺參訪」。三門左旁有塊石碑，用金字刻著「黃檗山萬福寺」六個大字。接著經過三門殿、天王殿，而到了大雄寶殿。殿宇都非常地雄偉壯麗。天王殿的左右兩側，有兩座石塔；大殿的左右兩側，則有鐘樓、鼓樓。我們在大雄寶殿上香禮佛之後，就請悲昇法師為我們介紹該寺的歷史環境。

隨後我也對我們的團員開示說：黃檗希運是臨濟義玄的師父，我是臨濟法門的傳承者，當然是黃檗希運的子孫，而萬福寺自然也是法鼓山的根源和祖庭了。經我這麼一說，大家就對這個道場有了歸屬感，深覺自己不是客人，而是回家的遊子。悲昇法師雖然年輕，但是非常厚重而謙虛，他把我當成長老法師接待，並說曾在我的著作中獲得許多法益，就是缺少親近我的機會。所以他和我們之間，也都覺得不是外人了。

隨後我們也參觀了大殿後面的藏經樓、法堂、觀音殿、禪堂，以及隱元禪師紀念園。

目前全球共有三處黃檗山萬福寺。第一座就是我們訪問的福州福清市的黃檗山；另一處是在江西新昌縣的黃檗山；而在日本京都的宇治縣，也有一座黃檗山。至於福州這座寺院稱為黃檗山的原因，和希運禪師有關。據說黃檗希運出生於福建省，幼時到黃檗山出家；這座寺院原是正幹禪師於唐德宗貞元五年（七八九年）

創建的。最初名為「般若堂」，經過八年之後，擴建為「建佛寺」。後來希運禪師回到此處，由於全山遍植黃檗樹，所以命名為「黃檗山」；希運在此，前後共住了十九年。

那麼究竟什麼是黃檗樹呢？悲昇法師帶我到後山院中的山崁上，看到幾株兩丈多高的香椿樹，還有好多小株的香椿樹在旁邊。他告訴我說，所謂的黃檗就是香椿，我問他：「有沒有古代留下的黃檗樹呢？」他說沒有。因為這種樹，最多活不過一百年，樹身就會爆裂而死。我相信這個說法，我們所種的香椿，就是吃它的嫩葉，只要插枝就能活，很少看到一丈以上、比碗口更粗的香椿樹。因此它是藥用的植物，也是食用的香料，並不能做為建材。

黃檗樹就是香椿樹

首次在文獻記載中看到萬福寺的名字，根據資料，是在明神宗萬曆三十五年（一六〇七年），相國葉文忠公奏請敕「萬福禪寺」四字匾額，接著在萬曆四十二年（一六一四年）賜藏經全套；明毅宗崇禎二年（一六二九年），請金粟密雲禪師任方丈；崇禎六年，費隱禪師繼其席；崇禎十年隱元禪師承其位。後來到清世宗順治十一年（一六五四年），隱元禪師應日本長崎的崇福、興福諸寺的邀請，束裝率徒三十餘人東渡，七年後在日本京都宇治縣大和山，仿照福州萬福寺規模，開創了一座寺院，亦名黃檗山萬福寺。

希運禪師出家後，覓師訪道曾先後到天台山、長安，後來因為有人啟示他應參訪懷海，於是他又前往江西的百丈山。得到百丈的印心之後，他來到江西新昌縣的鷲峰山，創建了一寺。因為他懷念幼年出家的道場，所以也把這座鷲峰山的新寺院稱為黃檗山萬福寺。他就在此鼓吹直指、單傳的心要，他主張：「獨佩最上乘，離文字之印，唯傳一心，更無別法。」因此而被形容為「其言簡、其理直、其道峻、其行孤。四方學徒，望山而趨，覩相而悟，往來海眾，常千餘人。」在他一生中，主要弘化的道場，也就是江西的那座黃檗山。

不過在唐武宗會昌二年（八四二年）的法難期間，河南節度史裴休，以及任官於江西洪州的鐘陵，曾把希運禪師接到洪州龍興寺（亦名為大安寺）。然後在唐宣宗大中二年（八四八年），裴休又把希運禪師迎到宣州宛陵的開元寺，為建大禪院，請師說法。最後，希運禪師於大中四年八月（八五〇年）圓寂於江西的黃檗山，留下了兩部文獻：《希運禪師傳心法要》以及《宛陵錄》。

希運禪師的禪風對後來中國禪宗的影響非常深遠。他的弟子群中，如有臨濟義玄、睦州道明（陳尊宿）、千頃楚南，以及裴休等十多人，對後世也有很大的影響，在他圓寂後，唐宣宗皇帝敕號為「斷際禪師」。其實臨濟宗的禪法應該就是黃檗宗的禪法，只是到了臨濟義玄以後，門庭大盛，所以又開出了臨濟宗以及以下的黃龍及楊岐兩派。在我的《禪門驪珠集》內，有蒐集他的事蹟和語錄，例如他說「大唐國裡無禪師」、「擇菜去」、「噇酒糟漢」、「黃檗禮佛」，都是膾炙人口的名公案。

而日本的那一座道場，是因為隱元禪師不忘出身的根本，效仿希運禪師而創建的，所以也稱此道場為黃檗山萬福寺。這就是飲水思源、知恩報恩的精神。

這也正是我要回到大陸去做佛教古蹟巡禮的出發點之一。不論是民族、宗教，對於淵遠流長的血統、文化和祖先的智慧，以及各種各樣的遺產，都必須要有認同和傳承的責任。所以佛教徒要到印度去做佛陀古蹟的巡禮；穆斯林要去麥加朝聖；猶太人念念不忘耶路撒冷；羅馬天主教徒則希望去義大利聖彼得大教堂朝覲。而日本佛教徒的各宗各派，尋根探源都是到中國大陸，譬如說天台宗到浙江的天台山國清寺；密宗到中國陝西的青龍寺；唯識宗到西安的大興善寺；禪宗的曹洞宗要去南嶽的南台寺、江西洞山的普利禪寺，以及浙江的天童寺；黃檗宗就到福清的黃檗山。而且他們對於中國的祖師，特別是和他們的法源直接相關者，都非常地重視，除非已經找不到寺廟遺址，否則一定會一次一次地組團參拜。又如鑑真大師對日本戒律的開創和弘揚有重大貢獻，因此他們對於凡是鑑真大師在中國大陸到過的道場乃至地點，都被認為是他們的法源。

由於日本黃檗宗曾經前來參拜祖庭，便特別在福清的黃檗山境內，建了一座隱元禪師紀念院。院中有許多棟建築物，其中的主殿，就是隱元紀念堂。堂中所供奉的隱元禪師塑像，是依據日本收藏的畫像複製好了送來的。此外，他們還對黃檗山做了若干捐獻，從他們所立的碑文可以看到，捐資興建的共有五項：

1. 禪堂（選佛場）建築面積三百五十七平方公尺。

2. 禪堂前後庭院綠化，面積九百平方公尺。

3. 禪堂橫東司（洗手間），面積五十三平方公尺。

4. 古黃檗山萬福寺塔院，面積三百一十五平方公尺。

5. 費隱亭及四周綠化，面積八百一十五平方公尺。

另外我們還看到了七塊碑文：日本黃檗宗訪問古黃檗祖山記；隱元禪師紀念碑；隱元禪師頌德碑；東渡僧人供養碑；隱元禪師詩偈二首碑；一座立碑上面寫著：「日本黃檗山萬福寺開山隱元禪師東渡振錫之聖地」，這座立碑是一九八九年由趙樸初居士所寫；以及重修古黃檗山萬福寺塔院碑記等。從這些紀念物的記載，可見日本人對於源頭祖庭的重視。

隱元紀念堂內供奉的隱元禪師像

我們中國人實在應該覺得慚愧，歷代祖師所建的道場，總是會被一次一次地破壞，而日本的古寺院則只有一次一次地修復，很少被徹底毀滅過。我真懷疑為什麼自稱為文明古國的中國，會如此地野蠻？除了北魏武帝、北周武帝、唐武宗、周世宗的所謂「三武一宗」的滅佛運動，還有清朝咸豐年間的太平天國洪楊之亂，以及二十世紀中葉的文化大革命，都曾大大破壞毀滅了佛教的文物。這種狀況在日本，不是絕對不曾發生過，卻不會如此嚴重。所以我常常感嘆，中國有人用智慧創造文化，也有人用暴力毀滅文化，這都是活生生的中國歷史。

於黃檗亭前，與黃檗女眾學院師生合影。

黃檗山的範圍實在很大，我參觀了庭院，拜了祖塔，又到了一座掛有一面號稱是世界最大銅鼓的黃檗亭。此時該山女眾學院的三十多位師生，正在亭前拍團體照。由於我的到來，所以也請我加入拍了一張合照，這讓他們感到既意外又驚喜。他們恭敬地合掌為我迎送，其威儀令人讚歎。

現任福清黃檗山住持悲昇法師，年紀雖輕，卻非常有心，當我回到美國之後，還接到他的一封信。因為那天我們來去匆匆，他沒有時間可以向我請教佛法，感到十分遺憾。這封信寫得非常誠懇，文字的修養也很有深度。茲錄如下：

聖嚴老法師獅座下：

拜讀示函，如飲醍醐，無任歡喜。

法師譽滿寰宇，望重宗門，愚忝居黃檗法席，然所學所知，得益法師著作甚多，兩岸雖隔，然執侍左右之念未泯，公因緣會遇，得償夙願，千古欽式，舍師而誰，所遺憾者法師來去匆匆，未能多聆法要，尚祈法師慈悲，二六時中悅賜棒喝之音，以警昏昧，用開愚頑。愚尚有一願，乞法師玉成，望為本山書「黃檗」二字，以作鎮山之寶，忝增黃檗勝景，祖道情長，唯師為繼，黃檗鬱

鬱，乞師恩滋。耑此　恭頌

法躬康宇，如意鈞安

不肖悲昇百拜頂禮

壬午十月五日

讀了他的信，我感到非常慚愧，也覺得非常欣慰。慚愧的是，我回到祖庭，不但沒有任何貢獻，反而打攪了他們。我還記得很清楚，在全部的行程中，每個寺院都只有列隊迎接，而唯有這座黃檗山，除了迎接，當我們離開時還列隊恭送。男女兩眾的佛學院出家學僧，以及常住的住眾一百二十多人，分別穿著黃、黑兩海青，搭著衣，如此列隊迎送，一路上也只有這個道場。而悲昇法師來到黃檗山已經十六年，都是做著行政的工作，以及負責男女兩所佛學院的教育工作，在繁重的工作中他還能夠寫出如此情文並茂的信，實屬難能可貴。黃檗祖庭能有像他這樣一位真正的龍象人才，真的讓我欣喜。

二九、福州怡山的西禪寺

西禪寺住持趙雄法師親自迎接入大殿

我們離開黃檗山，經過一個半小時的車程，抵達福州市西郊的怡山西禪寺。此寺的原任方丈是明暘長老，在去年卸任之後，由嗣法門人趙雄法師接任。他今年才三十四歲，一九八二年落髮，到該寺已經十四個年頭。他出生在福建省羅源縣，在明暘長老任方丈時，他就擔任監院，目前他也兼任福建省佛教協會副祕書長。當我們抵達該寺時，他也帶領兩序大眾，三十多位比丘，以及數百位信眾，穿海青、搭著衣，捧香案列隊在三門口拈香恭迎。大三門門楣上的匾額寫著「八閩名剎」，下面懸掛一長幅紅布條「熱烈歡迎臺灣法鼓山大陸佛教聖蹟巡禮團蒞寺參訪」。

穿過兩進丹墀，就進入了大雄寶殿。它的庭院很有特色，花草樹木整齊清潔。在大殿上另有一項特色，就是有一對銅鑄的十二、三歲高的童子像，分站在門內正中的內側，肩頭上各有一朵蓮花形狀的燭台，以及一支蠟燭形狀的電燈台，頂端就是亮著的燈泡。我問本性法師這是什麼像？他說不知道，就是蠟燭台，而且在福建省的各大寺院，都有這樣一對童子像，至於什麼出典，他也不清楚。

這位年輕的住持非常優秀而有才華，他寫得一手極好的隸書大字。他送我的禮物就是親手寫的隸書對聯：「華雨禪心寂，松風鳥語清。」他也把這座古剎經營得清淨莊嚴，很有規模，特別是新建的「華嚴三聖閣」，更是壯觀雄偉，是該寺的一項特色。三聖閣創建於一九九二年，閣中供有銅鑄的華嚴三聖像，配以漢白玉砌成的底座，精美莊嚴。居中者為毘盧遮那佛像，連同佛光屏高十八公尺，重二十噸；兩側分別為文殊菩薩與普賢菩薩像，各重十五噸。

此外還有五百羅漢堂，庭院中有座二十公尺高的白衣觀音大士立像，以及十五層六十七點五公尺高的「報恩寶塔」，這都是在其他寺院沒有看到過的。當時雖已夜色朦朧，看來還是極為壯觀。

西禪寺住持趙雄法師贈送墨寶

該寺最老的古物，應該是一棵宋朝時候就有的荔枝樹，已是國寶。據說從明朝開始，寺僧每年會舉辦荔枝會，邀請地方人士前來啖荔，故每年從小暑至末伏，當地人有到怡山啖荔的時尚，留下不少啖荔的詩篇。

西禪寺據說是創建於隋朝，未久，即廢塌。唐懿宗咸通八年（八六七年），從湖南長沙迎請百丈懷海的弟子大安禪師來此重建。他和黃檗希運、溈山靈佑是同門、同時代的人。此寺初名「清禪寺」，後改為「延壽寺」。到了五代的後唐長興四年（九三三年），又改為「長慶寺」；到了宋仁宗景祐五年（一〇三八年）敕號為「怡山長慶禪寺」。又由於福州城的東、南、西、北四郊，各有一座禪寺，西郊的這一座，就被通稱為「西禪寺」。它雖然跟黃檗山是同時代，因為大安禪師之下傳承者不詳，所以這座寺院在歷史上也不是很有名，但由於它是一座古剎，廢了之後總還是會有人來重建的。

該寺占地兩百餘畝，一口放生池就有二十五畝。建築物有天王殿、大雄寶殿、法堂、藏經閣、崇德堂、鐘鼓樓、祖堂、明遠閣、禪堂、念佛堂、丈室、新客堂、觀音閣、玉佛樓，以及前面所講的華嚴三聖閣、報恩塔、觀音立像，總建築面積一萬多平方公尺。最尊貴的鎮寺之寶是康熙皇帝御筆所寫的《藥師經》，可惜我們時間不夠，沒有拜見。

該寺最大的法緣和財源，主要是來自所屬的各分院，在中國國內有西湖開化寺、於山護國寺、觀音閣、塢尾頭陀寺、長樂文殊寺等；國外有新加坡雙林寺、馬來西亞檳城雙慶寺、越南南普陀寺、二府廟、溫陵會館等。這些分院，歷來都是由西禪寺派出僧人常住管理。二十世紀的八〇年代以來，有一位西禪寺所屬的海外寺院住持談禪法師，聯繫廣大海外信徒，捐資上千萬，重修殿宇，對復興西禪寺祖庭，做了很多的貢獻。

三〇、接見貴賓、記者與關懷團員

白天參訪了兩座道場，晚上抵達福州的西湖酒店，首先接見了福建省的相關官員，並且接受他們的晚宴招待。

他們是副省長汪毅夫、省宗教廳廳長林文斌、副廳長雷斌、處長黃建東、省政府副祕書長張健、省國台辦主任梁茂淦、副主任陳玲，一共七人。他們並在西湖酒店十八樓，設素宴歡迎我們，除了他們之中的黃處長沒有入席，連我的隨同人員代表，一共是十六人。據說唯有高層的領導宴客，才會用到十八樓的會客室及餐廳；那一層樓雖然沒有長沙神農大酒店那麼寬大，但是布置得相當考究。副省長送我的禮物是福建名產，一隻絳紅色的漆器大花瓶，是國外許多人都喜歡的收藏物。

在席間聽說，福建省內現有國家級的佛教寺院十四座，其他寺院一千多所，男女出家二眾的人數一萬兩千多名；對一個省來講，已經算是很多了。這可能是因為福建省位於東南沿海，特別是由福建移民到東南亞的華僑佛教徒很多，所以佛教在

接受中國新聞社記者採訪

文革大破壞之後，顯得特別地興旺。

當晚的素席做得非常精緻而豐富，但由於我的身體狀況，沒有辦法享受這些佳餚。同時還有新聞記者等著採訪，所以在上到第三、四道菜之後，我就離席了。可是為了要跟我拍照，他們也忙著起座而暫停用餐。據說當我走了以後，因為主客不在，他們也很快就吃完了。想起來真是有失我做客的禮節，對他們感到十分抱歉。

新聞記者有兩批。第一批是中國新聞社的資深記者，訪問我這一次大陸之行的感想，也問起了我所看到的中國大陸，是不是有宗教信仰自由。我說：「目前中國大陸有五大宗教受到政府的保護和支持，許多的佛教寺院也在陸續修復中。而在大的寺院中，多半設有佛學院和僧尼培訓班，我看到年輕一代的出家人，都很健康，也很積極。」後來我在美國的《世界日報》（*World Journal*），看到了這一條新聞。

另一位記者是海峽電台的廣播員，他希望我談一談兩岸佛教的關係。我說：「兩岸的宗教，特別是佛教，根源完全相同，臺灣民間信仰及佛教，就是從福建省跟著一波一波的移民到臺灣的。即使臺灣被日本統治期間，又傳進了日本的佛教，但是日本的曹洞宗、臨濟宗、淨土宗，原來也都是從中國大陸傳過去的。所以對佛教徒來講，兩岸並沒有什麼隔閡。現在我們臺灣所用的經本、課誦、唱念、禮儀、寺廟的制度、規約，都和大陸相同。」

這一天晚上，我們巡禮團的各車人員，在旅館的餐廳、臥房等處，分成二十個小組，交換巡禮的心得；也就是這十一天以來，在行程中，對於同心同願、一師一門、心五四運動的練習和感受，至於未來應該要怎麼做，大家也提出了各自的想法。

因為是分散在各個樓層的二十個場地，於是就先請施建昌菩薩調查清楚小組集合的所在，然後帶著我一處一處去慰勉關懷。因為大家都知道師父已經累了一天，還奔上奔下地來慰問大家，所以大家都感到驚喜、溫馨和感動。我花了一個多小時，幾乎都是在跑步，就怕跑不完二十個點，跑到後來，實在太累，只好不斷地念著觀世音菩薩。第一是怕太累了跑不動；第二是因為已經超過團員們聯誼的時間，擔心有幾個地方如果趕不及，他們就解散了。當我關懷結束之時，已經是深夜十一時。

其實這一天我是很不舒服的，因為前一天的飲食不正常，所以我的腸胃不太適應。結果第二天一早起來，果真就有腹痛下痢的現象，連續了好幾次。我吃了幾小瓶泰國製的「五塔標行軍散」，後來又請侍者果耀把米炒焦了給我泡水喝，喝了以後總算沒有繼續惡化，而漸漸好了，可是總是感覺渾身酸軟無力。這一天結束後，連澡也不想洗，只想倒身上床，好好休息。

三一、閩侯雪峰山的崇聖禪寺

崇聖禪寺在三門以大禮迎接巡禮團

十月十四日，星期一。晴。

早上七時三十分，從福州市登車進入閩侯縣，抵達雪峰山的崇聖禪寺時，已經是上午十時。

這一座雪峰山橫跨閩侯、羅源、古田、閩清四縣，主峰海拔約九百公尺，古時因峰頂終年積雪，故名為雪峰。而現在只有冬天才能見到雪了。崇聖禪寺位於閩侯縣雪峰山的南麓，被稱為中國南方第一剎，所以在它的三門，有一幅對聯寫道：「此地出高僧，追數祖庭，閩中首剎；妙峰擬雪嶺，篤生宗眼，天下名山。」以形容這座寺院的重要性。

我們到達之時，該寺的現任方丈廣霖法師，已率領四眾弟子，以大禮佇迎於外三門口，還為我獻上了鮮花花環。門額上豎寫著的是「崇聖禪寺」四字，門旁用兩張紅紙寫著黑字，一邊是「歡迎聖嚴法師」；另一邊則是「歡迎臺灣的巡禮團」。在兩旁外側的門柱上，另有一幅對聯寫的是：「謁寺結淨緣，本來面目澄心現；尋幽得佳趣，當處風光著眼收。」

義存禪師像

我們被引導著經過天王殿，來到大雄寶殿，屋簷下也拉著一長幅歡迎我們的紅布條。上殿行禮之後，廣霖法師便向我們致歡迎詞，我也於致詞時說明了這所道場的開山祖師義存禪師，是石頭希遷法系之下的一位大善知識，他的師父是德山宣鑒。大家都聽說過「德山的棒，臨濟的喝」，他們兩位是同一個時代的人。尤其義存系下的法眼宗，出過一位永明延壽禪師，對蕅益大師及我的影響很深。所謂禪宗的五家，除了臨濟、曹洞、溈仰三家，義存禪師之下就開出了「雲門」及「法眼」兩家，所以雪峰義存在中國禪宗史上的地位相當重要。

接著廣霖法師陪我參觀了該寺的環境。先前，當我們的車隊像一條神龍，盤旋蜿蜒而上，穿梭在層層相接的梯田之間；進入寺內之後，環顧四周高聳的群峰，大的有十二座，小的高低起落有幾十個。該寺也有一點像黃檗山的萬福寺，好像是座落在蓮花城內的蓮蓬台上，環境非常幽靜，堪稱遺世獨立。

崇聖禪寺的建築規模，十分雄偉，據說曾有過三座大殿、三座禪堂、七間齋堂。始建於唐懿宗咸通十一年（八七〇年），初名「枯木庵」，不久之後，徒眾漸多，便在離庵三百步處，另建禪居，那就是現在的崇聖寺。到了唐僖宗乾符二年（八七五年），皇帝敕名為「應天雪峰禪院」；唐僖宗中和二年（八八二年）敕賜義存禪師「真覺大師」號以及紫袈裟；唐昭宗乾寧元年（八九四年），閩王王審知篤信佛教，先後給該寺捐資，增建大殿、法堂、方丈室、寮舍，並重建枯木庵，開鑿放生池（因需人工萬餘，又稱「萬工池」，現稱為「蘸月池」，占地三十多畝），當地的地主藍文卿，亦捨田七千餘畝，房屋五百間，僧眾盛時，多達一千五百餘眾；唐昭宗光化三年（九〇〇年），該寺改稱為「應天廣福禪院」；到北宋太宗太平興國三年（九七八年），朝廷賜名「雪峰崇聖禪寺」，沿用至今。

到了南宋寧宗慶元年間（一一九五—一二〇〇年），中國南方佛教的重要禪寺，有五山十剎，雪峰崇聖禪寺便名列十剎之一。到了元朝，該寺漸漸沒落，至明朝永樂年間（一四〇三—一四二四年）才開始重建，一九四一年曾遭日軍砲擊，一九四二年又被颱風刮倒，寺宇破舊不堪。

到一九七九年，隨著中共中央宗教政策的全面落實，在華僑及海內外各界人士的資助下，由廣霖法師率領寺眾先後復建各座殿堂，可謂百廢俱舉。目前該寺的建築群，包括內外三門、天王殿、鐘鼓樓、大雄寶殿、法堂、禪堂、齋堂、古法堂、留香堂、祖堂、紀念堂、雲水堂、學戒堂、尊客堂、念佛堂、枯木庵、方丈室，以及塔院等。

廣霖法師九歲入寺，畢業於江蘇蘇州的靈巖山佛學院。文革期間，他仍然住在寺內，而且還有少數幾位出家人，可以從大殿後門進入，至佛前做早晚課誦。

目前寺產有六千多畝，住眾二百多單，他們過著農禪生活，在山上種樹三千多畝，其中包括松、杉、竹，以及梅樹萬株，其他農作物還有數十畝。寺院圍牆境內，也栽種牡丹數十畝，有三萬多株，二百餘品種；據說該寺種植牡丹，已有二百年的歷史。所以到了牡丹盛開季節，湧向該寺賞花的人潮，絡繹於途，並且舉辦各項牡丹節的文藝比賽。所以該寺既是觀光旅遊景點，也是自給自足農禪並重的道場。

在義存禪師墓塔前，與崇聖禪寺方丈廣霖法師合影。

我們到該寺的主要目的，是禮拜義存禪師的墓塔。這座墓塔很有特色，它建於五代後梁開平元年，即唐哀帝天佑四年（九〇七年），名為「卯塔」，又稱為「難提塔」。現在它的塔前，立有一塊重建以後的塔碑，塔身正面刻著新豎的「義存祖師塔」

五個字的墓碑，抄錄其背後的碑文如下：

唐天佑四年（九〇七年）建，鐘形，石構，每方石上浮雕一至四顆徑約十釐米的乳釘，稱難提塔，高四點一米，底徑二點九米。據《雪峰山志》載墓室內的墓志銘與序，計二二五字，係義存自撰，王審知手書。

義存（八二二—九〇八年），俗姓曾，南安人，唐咸通年間（八六〇—八七四年），創建福州雪峰禪寺，禪宗的雲門、法眼兩宗皆出其門下，是中國佛教史上頗有影響的高僧。

在墓塔的外層，建有一座六角型的重檐琉璃瓦塔亭，兩側還有廂房的走廊將墓塔保護起來。塔身大約兩人高，我在塔前頂禮之後就到了禪堂、客堂、方丈室。接著就在方丈室喝茶。此時有一僧人走來向廣霖法師報告說，在牡丹園裡開了一朵紫紅色的牡丹花。因為牡丹花都是在春天開花，而在這個秋冬季節，只有枯枝，連綠葉都不生，何況是開花。廣霖法師就認為是由於我的來到而出現的瑞相，所以一定要把我帶去寺內右側一塊梯田型的牡丹花園觀賞。

枝頭怒放的紫色牡丹花

首先，我看到的只是一片牡丹花圃的枯椿，然後才在更遠更靠山邊的一畦花圃中，看到了那朵盛開的紫牡丹。通常，牡丹都是長在嫩枝頭上，而這朵牡丹非常特別，竟然綻放在枝幹上。在不應該開花的時節開花了，開花的位置又非常特別，所以我跟方丈和尚站在牡丹花背後，拍了幾張照片。廣霖方丈顯得非常興奮，此時我們的團員菩薩們正在用午齋，他就到齋堂，一桌一桌地高聲向大家報告說：「牡丹應該是在春天的季節開花，因為你們來了，所以在秋天開了一朵紫色的大牡丹花，紫色代表著吉祥的喜氣。」他說的也是，中國文化以紅色代表喜慶，而深紅色即成紫色。釋迦佛的莊嚴相，即以紫金身來形容。古代中國皇帝給予僧人最高的榮譽，便是頒賜紫色袈裟。

在該寺另有一項特殊的植物，名為千葉寶蓮。它是屬於多年生美人蕉科的植

地湧金蓮

物，與供給插花藝術用的天堂鳥，應該是表親。據說在該寺已經種了一百多年，終年都會開花。形狀很像蓮瓣，不過，花瓣有呈針狀的葉尖，所以耐曬也耐寒，盛開以後的花瓣漸漸枯萎後，新的花瓣便不斷由中間冒起，因此能夠經常保持蓮花盛開的狀態，花呈金色，因此又被形容為「地湧金蓮」。

該寺另外還有一項古蹟，是一段巨大的枯木，形成中空的一個樹洞，據說就是義存禪師當年入山時的棲止處。義存禪師最初的修道之處——「枯木庵」，和那一塊千年枯木，應該是有關係的，因為枯木庵就是根據這塊枯木而命名的。不過由於我們停留的時間太短，並沒有去參觀。

義存禪師是福建泉州的南安人，生於唐穆宗長慶二年（八二二年），圓寂於後梁太祖開平二年（九〇八年）。九歲出家，十七歲落髮。他遊歷了很多地方，後來到武陵見到了德山宣鑒而開悟，之後到怡山，開創了雪峰道場。唐昭宗大順二年（八九一年），去了丹丘四明之地，又再回到閩侯的雪峰，並圓寂於此，享年八十七歲，行化四十餘年。他的嗣法門人有雲門文偃、玄沙師備、鏡清道怤、福州慧稜、鼓山神晏等五十六人。他是一位在中國禪宗史上大放光彩的善知識。

三二、石鼓山的湧泉寺

在雪峰寺用過午齋，略事盤桓，就在一時多登車下山。路過福州市，再經兩個半小時車程，就抵達石鼓山的湧泉寺。此山位於福州市的東南方，海拔九二五公尺，因為山巔有巨石如鼓狀，每逢風雨大作，就會聽到擂鼓似的聲音，所以名為石鼓山。湧泉寺位於山腰海拔四五五公尺處，前臨香爐峰，背枕白雲峰，圍繞在四周的尚有小頂峰、缽盂峰、雙髻峰、獅子峰，延綿三十里，風景秀麗而壯美。

開創這座寺院的是靈嶠禪師，他於唐德宗建中四年（七八三年），在山中初建華嚴寺，後廢；五代後梁開平二年（九〇八年），閩王王審知禮請雪峰義存大師的傳法門人神晏禪師，駐錫此山，四方學徒雲奔來集者，多達一千五百人；在後梁末帝乾化五年（九一五年）改名為「鼓山白雲峰湧泉院」；宋真宗咸平二年（九九九年），朝廷敕名為「鼓山白雲峰湧泉禪院」；到明成祖永樂五年（一四〇七年）改稱為「湧泉寺」；清康熙三十八年（一六九九年）御書敕賜「湧泉寺」匾額，沿用迄今。

為什麼要稱為湧泉寺呢？根據《鼓山志》的記載，此寺「其先為潭」，五代後梁開平二年，填潭建寺，寺前有一壑，泉水如湧，故名湧泉。所以後來該寺就被稱為「湧泉禪院」或「湧泉寺」了。

在神晏禪師之後，住於該寺的名匠不多。到明末崇禎七年（一六三四年），曹洞系的永覺元賢禪師（一五七八—一六五七年）擔任該寺住持，建了天王殿、鐘鼓二樓、藏經堂、法堂、三門等。同時為其同門的師兄無異元來禪師（一五七五—一六三〇年）建了衣缽塔，現在還存於該寺。元賢圓寂之後，就由他的弟子為霖道霈繼其法席，世稱古佛再來，這是該寺法運鼎盛的階段。

到了清朝乾隆年間（一七三六—一七九五年）遍照擔任住持，寺門大興。咸豐年間（一八五一—一八六一年）光耀擔任住持，寺門再度興旺，並且增置田產。同治年間（一八六二—一八七五年）空老擔任住持，增建堂閣，並且親自率眾開墾寺田，現存的殿堂建築，大致上就是元賢及道霈師徒兩代留下的規模。

在中軸線上，依次以天王殿、大雄寶殿、法堂為主殿。兩側輔以其他大小殿堂樓閣，計有二十五座，建築總面積一六六五〇平方公尺，以氣勢宏偉著稱。在天王殿前的兩側，有東、西兩座陶塔，燒造於宋神宗元豐五年（一〇八二年），現在東塔有佛像一千零九十二尊，西塔有佛像一千一百二十二尊。在鐘樓上的銅鐘，鑄於清康熙三十五年（一六九六年），鐘的外表，刻有全本《金剛經》。該寺現在除了祖師塔，也有佛舍利塔。尚有明版的《南藏》及《北藏》，清版的《龍藏》等，共計二萬三百四十六冊藏經。還有歷代高僧大德寫書的佛經六百五十七冊，這是在任何寺院都不容易見到的大寶藏。

該寺刻經工程的歷史，也相當悠久，據《鼓山湧泉寺經版目錄》一書的統計，至一九三二年止，共刻經三百五十九種，其中明刻八十四種，清刻一百九十五種，多為楷書方冊。目前寺中尚有明末清初所刻

湧泉寺刻經歷史悠久

的佛經，以及佛學著述版片三千六百一十三塊；清末至一九四九年所刻的有七千六百九十六塊；各種佛像、書畫版片六十六塊；共計一萬一千三百七十五塊。

該寺和海外的關係也很密切，如馬來西亞的檳城極樂寺，就是鼓山湧泉寺的分院，又稱為廨院。而臺灣的月眉山靈泉寺、苗栗法雲寺等，也與鼓山湧泉寺有淵源，所以該寺的法緣，不僅僅是在大陸，而且能和海外結合，所以歷經滄桑還能重建，保持今天的規模。所以現在臺灣的各大佛教團體，都要走上國際化，這樣才有伸展的空間和迴旋的餘地，縱然祖庭衰弱了，如果分院還有人才，那個法系就會存

藏經樓內的經版

在。就拿月眉山系來說，本山老早已經沒有人了，就把分寺的英才晴虛法師請了回去，重振祖庭，大弘法化。

湧泉寺現任的方丈是普法法師，出生於上海，畢業於閩南佛學院，身材魁偉，蓄了一部大鬍子，看來非常威猛而持重。他穿著黃海青，披紅祖衣，率領該寺四眾弟子，持香案在三門外列隊以大禮迎接。經過交談之後，感覺到他非常親切和藹，平易近人，這和他的外貌很不一樣，真是人不可貌相。他告訴我，因為妙湛法師要他來接任該寺的住持，才勉為其難來祖庭發心。在這之前，圓瑛長老及明暘長老均擔任過湧泉寺的方丈。此外，太虛大師曾訪問過該寺，弘一大師也曾在該寺小住，而虛雲老和尚就是在此出家的。所以該寺和近代中國佛教的關係非常密切。

我們到了大殿，行禮如儀之後，接著就交換禮物。普法方丈送我三套非常珍貴的線裝書：《釋迦如來應化事跡》，一套木刻版《大方廣佛華嚴經》八十一卷，以及《鼓山志》一部。然後又帶我們參觀了寺內重要的古文物。

首先是去藏經殿禮拜「釋迦如來靈牙舍利塔」，它是在室內，大約二人來高，四周密封，只留下直徑約兩公分大小的圓孔。我們的團員，大家拉長脖子伸著頭往裡面瞧，因為光線不足，所以看不清楚。有人問我：「這是真的嗎？」我說：「對我來講，這是真的，只要把它當成是佛來禮敬，那就是真的佛牙。就像我們對佛像禮拜，你說那是真的佛還是假的佛呢？釋迦如來留給我們更重要的遺產，是佛的法身舍利，那就是藏經。」

其次該寺有三寶、三鐵，價值連城。三寶，是指陶塔、雕版、血經；三鐵，則是鐵樹，鐵鍋、鐵絲木。還有一排數隻千年石雕的洗衣糟，聽說政府要收為古文物珍藏。

庭院中的千年鐵樹，刻有一方石碑說明：

這三株鐵樹為千年鐵樹，兩雌一雄。一雌樹為本寺開山祖師神晏法師所種，一雌樹為閩王王審知所種。三株鐵樹每年夏秋都開花結子，天下罕見，是此山三寶之一。

這三棵鐵樹，是在方丈室前，兩株雌樹開黃花，像絨球，一株雄樹也開黃花，形式像絨堆的寶塔。兩樹因為是橫向生長，而且是多頭，應該很重，所以都用石柱支撐。

在大雄寶殿內的三聖像前，有一張千年木製供桌，據說，遇火不燒，入水不爛，所以稱它為鐵絲木。

該寺方丈室名為「聖箭堂」，據說當年義存禪師推薦神晏禪師到湧泉寺任方丈時，就對僧眾說一支聖箭，直射九霄，因此該寺的丈室即被稱為聖箭堂。

接著又去參觀大寮的千人大鐵鍋，以及類似於地下室的大灶門；千人鍋有三口，兩小一大。據說，其中兩口較小的已經不用，最大的一口，現在遇到傳戒期間還會使用。

然後去參觀藏經樓、血書的佛經，以及印經處。寺方送了我們兩塊已被淘汰的舊經版，那是用梨木雕成的。據說

大寮的千人大鐵鍋

除了梨木和棗木，其他的木材都不合適雕成經版；因此，古代有人形容，不精緻的出版品為「禍及梨棗」。至於為什麼要用梨木、棗木，那是因為它們不會因冷縮熱脹而變形，所以適合做經版。

同治年間，該寺在空老擔任住持之時，曾親自率眾開墾寺田。現在該寺還有一塊立於同治十一年的古碑，敘述當時的狀況：

湧泉寺方丈普法法師為作者介紹血經

同治十一年孟夏月吉

為禁約山場不准批出事，我鼓山乃全閩勝蹟，省會風水攸關，所有鼓山界內大頂峰、二頂峰、鳳仙崙、仙人山、彌勒院、大頭崙、般若庵，並七畝觀音嶺下舍利院、千佛庵等處，前後左右，俱是荒山，自己開墾以為田園。道光十六年間，控官在案，永遠禁止，不許批墾田園與外人耕作，亦不許本寺僧眾私相授受。如有此等情弊，察出立即呈官究治，以垂久遠，毋違禁約。

住山淨空領大眾師仝敕碑

前面所講同治年間擔任住持的「空老」，就是碑文中的「淨空」，此碑已經腐蝕剝落，文字不易辨認，文句也很土俗，我邊猜邊看，總算把它讀了出來。

因為該寺值得看的太多，範圍又太廣，我們苦於時間太短，所以只能走馬看花。最後因天色已近黃昏，不得不向主人告辭。返回福州的西湖大酒店時，已過晚上八時。

三三、莆田南山的廣化寺

十月十五日，星期二。晴。

早上七時三十分，從旅館出發，沿著高速公路前往莆田市，目的地是該市城南三公里處的鳳凰山麓，訪問千年古剎「廣化寺」。

此寺的現任方丈，是三十六歲的學誠法師，他十六歲即在該寺出家，嗣後前往北京的中國佛學院深造，二十四歲畢業後，便被遴選為廣化寺方丈，迄今已有十三個年頭。當時他是全國最年輕的古剎方丈，後來也是最年輕的福建省佛教協會會長；今年（二〇〇二年）九月中旬，又當選為中國佛教協會最年輕的副會長，同時也被選為中國佛教史上最年輕的祕書長。他上任之後所批的第一件公文，就是通令東南六省各相關寺院，隆重接待我們法鼓山五百人的巡禮團。十月十五日這一天，他是特地從北京趕回莆田，接待我們的。

我對這位法師並不陌生，他曾到過臺灣幾次，第一次和我見面是在法鼓山召開

廣化寺氣勢壯觀

的兩岸佛學院教育研討會中；第二次是今年年初，因護送佛指舍利到臺灣巡迴展出，他也到了我們法鼓山；今年六月，出席在泰國曼谷召開的世界宗教領袖理事會，他是大陸宗教界的代表之一。每次見面，雖然談話不多，但是他給我的印象滿深刻的，的確是一位當今大陸佛教界的龍象人才。

廣化寺是南朝陳武帝永定二年（五五八年）金仙禪師開創的，名為「金仙院」；到了隋文帝開皇九年（五八九年），浙江天台山的無際禪師來此擴建，成為「金仙寺」；後來曾經被唐朝睿宗敕名為「靈巖寺」；到了宋太宗太平興國元年（九七六年），才諡額「廣化寺」。

該寺最盛期間是在宋朝，常住僧尼二

眾多達千餘人；到了明朝憲宗成化年間（一四六五—一四八七年），有進士黃仲昭所撰的〈詠靈巖寺〉詩，其中有「靈巖一百二十寺，多少樓台鎖夕曛」之句，足見當時該寺建築群的盛況。可是到了清光緒十二年（一八八六年），只剩觀音閣一座，僧人兩名；光緒十六年（一八九〇年），善和法師主持廣化寺，重建古剎，陸續完成了今天這樣的格局。在一九四九年時，住僧約六十人，到一九六五年，還有五十七人。可惜在文化大革命期間，廣化寺被迫關閉，僧人流散，佛像砸毀，殿堂改成了廠房。

一九七八年，中國共產黨召開十一屆三中全會之後，落實宗教政策，讓這座千年古剎又重現光輝，並且成立了「莆田縣廣化寺修建委員會」，按照舊貌進行修復。一九八四年十二月即竣全工，舉行隆重的開光典禮，有一千四百多位海內外佛教界人士到場觀禮。

現在這座位於山坡上的廣化寺，占地面積三萬二千平方公尺，建築面積一萬七千平方公尺，沿坡順勢上升，層次分明，極為壯觀。在坐西朝東的中軸線上，依次有照壁、牌坊、三門、放生池、天王殿（背後是彌勒殿）、大雄寶殿、法堂（樓上為藏經閣）、臥佛殿（樓下為祖堂）等，縱深全長三百八十五公尺。東側次第為西羅漢殿、鼓樓、學戒堂、祖師堂、淨行堂（亦名念佛堂）、煙霞窟、方丈室、看山樓等。據說已比清朝光緒年間的規模，更為擴大。

雖然經過歷代失修和破壞，該寺還是有一些具有歷史價值的古蹟，例如：該寺東側的釋迦舍利塔，是宋孝宗乾道元年（一一六五年）以前所建；釋迦舍利塔旁的普門寺，則是唐末御史黃韜所建「東峰書堂」的故址；寺內還有一對石經幢，上面刻有《佛頂尊勝陀羅尼》，那是宋英宗治平二年（一〇六五年）所造，現在已遷移到彌勒殿前的廣場；另有一塊「南山樾萌」石匾，是宋末文天祥手跡。

在一九七九年至一九八六年之間，該寺由圓拙長老擔任方丈，他向主管的政府部門請准，該寺不賣門票，不做經懺，而過農禪並重的修行生活。因此在寺後的一百多畝山坡地上，種了果樹、香蕉等，這和我們十月十日參訪的雲居山真如寺的道風，頗為相同。一九八六年，圓拙長老退位，推舉當時三十六歲的毅然法師繼任，一九九〇年即改選學誠法師，榮任迄今。該寺目前現有山地已有二千多畝。

另外，寺內尚設有福建佛學院，男眾部分成師資班、大專一班、大專二班、中專班、預科班；女眾部有大專班及初級班，共計學生二百多人。男眾部設於廣化寺，女眾部設於崇福寺。學院全部法師有三十三人，助教四人，外聘講師十一人，

廣化寺學僧提燈帶路，威儀嚴整。

老師多半是由該寺自己培養的，也有少數是從中國佛學院及閩南佛學院的畢業生中聘任的。該院從一九八三年到現在為止，擔任過院長的包括名譽院長圓拙長老（一九〇九—一九九七年），第一任院長普雨長老（一九一一—一九九〇年），第二任院長妙湛長老（一九一〇—一九九五年），現任院長是學誠法師（一九六六年生），副院長是女眾部的負責人傳常長老尼（一九二一年生）。現在該寺除了學僧之外，另有常住眾六十多人。

由於該寺最近曾經邀請管理專家來協助指導，所以有一整套管理制度和生活規範，各部門的任何工作都很有效率。譬如他們的佛學院教育就有一個四化的理念：「叢林學院化」、「學院叢林化」、「修學一體化」、「管理科學化」，融合了傳統與現代的優點。

對於我們的到訪，學誠法師顯得非常慎重。當我們到達三門前的廣場，僧俗四眾已列隊至三門外，準備以大禮迎接我們。除了捧著香案，還有兩位沙彌提著兩只大紅燈籠前導。我們以兩輛車的團員為一隊，每隊前面都有兩位穿著黃海青的學僧迎接帶路，引導大眾依序進入三門，到大殿的左右兩側及前面的廣場集合。全程有條不紊，威儀整齊，這在其他道場是沒有見過的。

進入大殿，殿上不但預設好兩個法座，每個法座前還有一個麥克風，方便我們對全體大眾致詞和開示。當我和學誠法師在大殿上行禮如儀，開示之後，那些前導的年輕比丘，就分別帶著十隊團員在寺內參觀說明。可見該寺對訪客所做的嚮導工作，已非常現代化了。

之後我被引至客堂，那裡也有兩個法座，學誠法師要我對他們的常住眾開示。我讚歎學誠法師是現代中國的大善知識，尤其是帶我參觀的那座五層樓佛學院的校舍和宿舍，可見他對當代佛教教育的用心，我的心中十分歡喜。而他們的教務長菩提法師也只有三十五歲，也是一位年輕有為的龍象人才。

窗明几淨的佛學院學生宿舍

學誠法師告訴我，佛學院學僧的年齡是十八歲至二十五歲之間，全國各寺院指派年輕出家眾來入學的人數很多，幾乎每天都有人來要求入學，但是錄取標準非常嚴格。我便當眾對學誠法師笑說：「我是十三歲出家，你是十六歲出家，如果依照貴寺佛學院的入學年齡標準，我們二人都不夠資格進入貴佛學院了。」

據說能在該寺求度出家的，都必須經過一年的嚴格觀察和考驗。如果是各地寺院派來的，每學期都要繳交學費二百元人民幣。其實這是象徵性的，因為該寺每個月都會發給每一個學生四十元人民幣的零用錢。

他們的學生宿舍，是六人一個房間，每人一張小床鋪，各人的衣單物品，一目了然，清清爽爽，極其簡單。每人床鋪上只有被子及枕頭，床頭有個透明的小櫃，放著盥洗用品。寢室內沒有書籍，所有的課本、書本，都放在教室和閱覽室。這和我今年六月在泰國法身寺，所看到的男眾寮非常類似。

該寺另有它先天的條件，早在民國時代，已有二十多位出家眾到東南亞各地弘化，建立了不少座廨院。目前在南洋各地，就有七座分支道場，所以從海外來到廣化寺朝拜的信眾相當多，加上他們自己勤勞刻苦，即使不賣門票，不做經懺，也可維持了。

三四、泉州的開元寺

上午十一時離開廣化寺後，便驅車向南，抵達泉州市，就到了廈門航空公司的湖美大酒店午餐，此時已經是十二時二十分了。

我們一進門，開元寺的方丈道元長老已在那裡等候，並且向該飯店預訂了二十多人份的一桌午餐宴請我們。因為我的身體不適，上了幾道菜之後，就提前離席，而道元長老為了下午要在開元寺迎接我們，也提前離席了。這一餐豐盛的午齋，結果就由我們巡禮團的工作人員留下來代吃。

午餐之後，該店的總經理盧女士，要求我為他們留下幾個字。我問她要寫些什麼？她說寫「學佛」兩個字，這使我很訝異。我問她寫了要掛在哪裡？她說掛在公司裡。這使得我更加訝異了。不過泉州古來又稱為溫陵，一向文風鼎盛，也出了不少佛門的龍象，所以直到現在，當地學佛的人士依舊很普遍。

當我進入套房休息時，桌上已經鋪好了整張的宣紙，並且泡開了大、中、小三支全新的上等毛筆，墨池中也準備好芳香的墨汁。我是不太會寫字的，但是看到這麼好的筆、紙、墨，手就有些癢癢的。我告訴那位盧女士，應該要寫「學佛悲智」四個字。意外的是，這次沒打格子，信手寫來，居然沒有歪斜。因為我沒有帶圖章，就請他們自己刻好了蓋上去，然後再把那方印寄給我。同時又覺得那支筆太好寫了，在臺灣不容易買得到，而我在大陸也不可能去逛文具店，所以要了兩支大的。他們也很慷慨地一口就答應了。我的隨身弟子告訴他們說，師父的字在臺灣義賣，曾經四個字賣了兩百萬元臺幣，這好像說他們占了我很大的便宜一樣。事實上我的字是不值錢的，根本不夠資格進入書畫市場，只是信眾菩薩可憐我是為了募款辦教育而獻醜寫字，所以出高價買下之後又捐了回來。

下午二時三十分，離開湖美大酒店，預備前往泉州郊外的開元寺。經過一個小時的車程，便抵達了三門。這座寺院尚無停車的廣場，我們這二十輛大型巴士的到來，顯得有些不便。不過該寺也正準備向隔壁購進土地做為停車場。進門的牌樓上刻有「紫雲」二字，門內的院子裡也有兩座塔，名為紫雲雙塔，照壁上刻著「紫雲屏」三個大字。聽說是因為寺宇輝煌，猶如紫雲覆蓋，所以大雄寶殿也稱為紫雲大殿。這使我也感到相當親切，因為法鼓山高雄分院，亦名紫雲寺。

開元寺特地鋪設紅地毯迎禮，以示隆重。

當我們抵達時，就看到一個半月型的熱氣球，像空中的一道霓虹，上面貼著白色的歡迎標語。而該寺六十八歲的現任方丈道元長老，已經率領四眾弟子在大門口用兩付香案迎接。最使我們覺得臉紅慚愧的是，他們用紅地毯從大雄寶殿一直鋪到大門外，讓我們走在上面，經過三門殿、天王殿，一路到大殿，竟有一百數十公尺長。像這樣隆重的禮節，在我們全部的行程中是唯一的例子了。在我一生之中，也只有數次在為佛化婚禮祝福之時，沾了新人的光而走過紅地毯。

道元長老引導著邊走邊向我說：「臺灣獅頭山元光寺的普獻法師，是我

弘一大師紀念館外觀

的師叔。」因為他的師父是廣義法師的弟子，這一次我們也在開元寺見到了他的老師父。廣義法師過去也曾擔任過開元寺的住持，後來到了新加坡，就在那裡開道場。我與廣義法師曾有過一面之緣，而普獻法師在臺北的中國佛學研究院時也跟我結過緣，所以我跟道元法師很有話談。另外，圓瑛法師曾在該寺擔任過住持、講過經，而我曾在上海參與過圓瑛長老的《楞嚴經》講座。這樣看起來，似乎我和他的關係還滿深的。

不過我對開元寺的情感，很大部分還是來自弘一大師，因為他是影響我一生很深的人。他晚年和泉州開元寺的因緣，可從《弘一大師年譜》以及他寫的

〈南閩十年之夢影〉中看到。

民國二十二年，弘一大師接受開元寺住持轉物和尚的禮請，到泉州開元寺，安居尊勝院。民國二十七年，再到開元寺講《心經》。今日的開元寺，還留有許多弘一大師的紀念物，並設了一個弘一大師紀念堂。此外，還重新編纂了《弘一大師全集》，一共十六大本，道元法師也送了我一套。

弘一大師墨寶

在紀念堂中，藏有許多弘一大師的真蹟墨寶，以及他用過的物品，譬如毛筆就有好幾支。他的房間十分簡單，只有一張小桌，桌上有一盞油燈和一個鬧鐘；單人床鋪是用木板釘的，上面還擺著幾件簡單的衣服，四個床角各綁了一根小竹桿，是掛蚊帳用的；床頭有一個臉盆架，在架子上掛毛巾橫木的一側，則掛著一個濾水囊。這就是弘一大師的房間。我猜想，當年他的房中應該會有幾本關於戒律的書，因為他就是在那裡專心圈點《南山鈔記》。

這次我到開元寺，心中好像有一種回家的感覺，也去了弘一大師紀念堂，參拜他當年睡過的房間以及他睡過的床鋪。而他在南閩十年之間，除了到過開元寺外，還到過南普陀、湧泉寺、承天寺等地。

弘一大師的書桌

在明末元賢禪師所編的《開元寺志》中，有一段關於該寺的歷史記載，抄錄如下：

大開元萬壽禪寺，舊在郡城西清門外。後城增廣，則寺當城內之西區也。唐垂拱二年（六八六年）乙酉二月，州民黃守恭，晝夢一僧乞其地為寺，恭曰：須樹產白蓮乃可。僧喜謝，忽失所在。越二日，桑樹果產白蓮，有司以瑞聞，乞置道場，制曰可，仍賜蓮花名，請僧匡護主之。長壽壬辰（六九二年），陞為興教寺。神龍乙巳（七〇五年），改額龍興。玄宗二十六年（七三八年），詔天下諸州，各建一寺，以紀年為名，有司復以應命，改額開元，歷五代十國而至宋。旁創支院，一百廿區，支離而不相屬。至元乙酉（一二八五年），僧錄劉鑑義，白于福建行省平章伯顏，奏請合支院為一寺，賜額大開元萬壽禪寺，明年延僧竗恩住持，為第一世。禪風遠播，衲子競集，復得契祖繼之，垂四十年，食常萬指。

此後幾百年間，該寺歷盡滄桑，興衰無常。元代天下饑饉頻仍，盜賊蜂起，該寺終歸荒廢，直到明太祖洪武三十年（一三九七年），釋正映奉皇上之命住持該寺後，才有了轉機。

正映大師住持開元寺，也有一大事因緣。正映大師是從小出家，洪武十九年（一三八六年）試經剃度，然後參訪靈谷謙禪師，才入門就開悟。後來因為泉州開元寺要找一位住持，就用抓鬮方式把正映抽選出來，明太祖下諭說：「如今做住持難，善則欺侮你，惡則毀謗你，但清心潔已，長久欽此。」

正映到了該寺，開堂筵法之時，四方雲集。他先建法堂，再造甘露戒壇，不數年間百廢俱興。之後在永樂元年（一四〇三年），正映又到雪峰崇聖寺當了方丈。明宣宗洪熙元年（一四二五年），皇帝下旨，又要他住持靈谷寺。可知正映是明初的一位大善知識。

到了隆慶及萬曆年間，開元寺再度頹廢，萬曆二十二年（一五九四年），又一度修復。到了崇禎年間（一六二八—一六四四年），殿堂還有十三座，支院有二十一座，當時所見該寺的東、西兩塔，和現在相同；東塔建於南宋淳祐十年（一二五〇年），西塔建於南宋嘉熙元年（一二三七年）；東塔高四十八點二七公尺，西塔高四十五點零六公尺，都是用花崗石砌成的五層八角形寶塔。這兩座寶塔，以及甘露戒壇，同為開元寺現存的古老建築。

《開元寺志》的第二篇，收錄了唐睿宗垂拱三年（六八七年）到明成祖永樂十八年（一四二〇年）之間的歷代僧侶事蹟，名為〈開士志〉，從最早的一位住持匡護和尚，到最後一位本源和尚，有名可稽的不下數十人。唯與該寺相關的僧侶，多半未被禪宗的各種「燈錄」以及宋明的「高僧傳」所收，他們之中，也有好多位是相當傑出的，並且留有若干語錄文辭。至於在永樂之後，該寺究竟還有多少重要的僧侶，不得而知。此後直到民國時代，才從弘一大師和太虛大師等的資料中，看到有關該寺的若干紀錄。除了廣義法師擔任過該寺方丈，圓瑛法師和弘一法師在此寺講過經。然後就是在一九七六年之後，該寺請到弘一大師的弟子妙蓮法師擔任方丈，現任的方丈道元法師，就是當時的監院。

這位道元法師是泉州本地人，他非常重視歷史文物的保存和整理，而開元寺在文革期間，幸而有當時主持市委工作的王今生書記力加保護，才未遭破壞。道元法師帶我參觀了該寺的戒壇殿，那是全中國的三大戒壇之一；另外兩座是在北京的戒台寺和杭州的昭慶寺。該寺的戒壇，金碧輝煌，分為五層，壇上的主尊是毘盧遮那佛，坐在千葉千佛的蓮花台上，在此蓮花座前，供有釋迦牟尼佛以及觀音菩薩像，兩側供有兩尊立像的脇侍菩薩，以及八尊金剛力士，還有護法諸天以及六十四個護戒神的牌位。

該寺大雄寶殿前檐下的匾額寫著「乘蓮法界」四個字，殿內五尊大佛之間，各有一尊脇侍菩薩，正中上方有「大雄寶殿」四個大字的匾額，這種型式與其他道

開元寺方丈道元法師為大眾詳細介紹藏經閣藏經

藏經閣內的明代的木塔

場有些不同。寶殿柱頭拱門，刻帶有翅膀的飛天樂伎二十四尊，印象中佛教的飛天是不生翅膀的，所以這是中國佛教古建築物的罕例；殿前月台的須彌座上，刻著七十二幅人面獅身的青石浮雕；殿後廊道的兩根青石柱上，刻著印度、錫蘭等地流傳的神話故事。以此可知，開元寺位處中國大陸的東南海濱，與東、西方各種文化的接觸頻繁，以致呈現在建築藝術之中的，也是融合東、西方各宗教的多元色彩了。

然後我們又參觀了藏經閣，此藏經閣乃建於元朝至元二十二年（一二八五年），庋藏線裝方冊本藏經一萬多卷，其中有二十餘卷是屬於宋太祖開寶年間（九六八—九七六年）雕成的《開寶藏》，也是中國印經史上最早的一部藏經。道元法師非常慷慨，特地交待管藏經的一位執事打開經櫥讓我觀覽禮拜。

藏經閣上，陳列著一座明朝的遺珍，那是五層精雕的木塔，大約有一人半高，看來還是非常完整。然後我們又去看了刻經房，至今還在繼續做著刻經工作。據說現在刻經工匠已經很難找到了。目前中國大陸全國只有三處，還保存著刻經的設備，那就是南京金陵刻經處、福州鼓山湧泉寺，以及泉州開元寺。這種流傳佛經的方式，雖已落伍，不過類似的古文化技巧，還是有它保存的歷史價值。道元法師非常重視佛教古文物的保存及推廣，因此也把該寺命名為「佛教文化博物館」。

三五、圓緣晚會

在全部行程中，我們前後共舉辦了四次聯誼會。第一次是十月三日晚上，在廣州花園酒店的「相見歡晚會」；第二次是十月六日，在長沙神農大酒店的「感恩晚會」；第三次是十月十一日，在九江賓館的「願心願力晚會」；第四次則是今天（十月十五日），在廈門金雁大酒店的「圓緣晚會」。

因為明天下午就要離開中國大陸，我們這五百人的團體，也將分批解散，各奔東西，所以這是最後一次聚在一堂做全程的心得分享。

首先介紹各工作小組的成員，分批上台之後，再由一位代表報告心得；其中也包括了輔導法師，分成男、女眾二組，分別派代表報告。大家都知道每一組都很辛苦，而他們報告的時候，卻都說：「累得辛苦，忙得快樂，感恩大家給他們有這樣種大福田的機會。」

成長組的諸位輔導法師們都說，好像是帶了兩個禪七一樣。除了每天要帶早晚課誦之外，還要注意團員的威儀和指導法鼓山的共識。旅行社組是我們的神經中樞，把這次行程的安排打點得非常周延，尤其是亞星旅行社的薛氏姊弟及施建昌居士提前至大陸先後多次踏勘。行李組有兩位居士因為要趕速度分別出了點小狀況，其中的王崇忠居士還扭壞了腳踝骨。攝影組的人員每個都像是飛毛腿。祕書組、行政組、總務組、財務組，則像是鴨子划水，表面上雖然看不到，但實際工作已進行了兩年。醫療組的醫護人員，真的是走江湖擺地攤了，那是因為從湖南到江西，隨時隨地都要把藥箱放在地面上，看病給藥，還好沒有要送醫院急診的大病，但求診的人數竟也達兩百多位、五百多人次。分享組的每一位成員，則被形容成了密探，因為他們每天需要分別到各車去蒐集心得分享的資料；主持晚會時，也都好像成了專業的節目主持人，把握會場的主題，宣導法鼓山的理念，凝聚對於法鼓山的向心力；「同心同願、一師一門」的大方向，就被他們在晚會中成功地展現出來。場地組為營造出最佳的氣氛，所以對於桌次的安排及晚會會場的布置，都十分講究。護勤組是我的金剛力士，而且就好像是我的影子，只要我一出房門，他們就在我的旁邊，亦步亦趨，隨時隨處不會離開我一丈以上。此外，就是各車車長和副車長，他們都很辛苦、盡責，因為人數太多，所以沒有機會上台一一介紹。

各組報告之後，接著由我介紹大陸北京宗教局的薛樹琪先生，中國佛教協會的宏度、妙航兩位法師，分別上台報告心得。他們三位是我們這一次行程中的護法菩薩，凡和各地黨、政、公安等各部門聯繫、接洽、溝通，都是由薛先生協助；和各地佛教協會及各寺院的聯絡、安排、協調，則是由兩位法師。他們三人之中，薛先生非常客氣，只說很高興為我們服務，妙航法師也沒講什麼，倒是宏度法師講了一則有趣的笑話，讓大家輕鬆一下。

他說臨時要他上台講話，頭腦裡一片漿糊，不知道要講些什麼。他只記得過去曾經有這麼一個年輕人，當他父親外出時，交待他說：「這兩天會有一個客人來，當客人問你時，你就告訴他說，父親到什麼地方去了，如果能等的話就請他等一下，或者有什麼交待的話，請他留一張字條。」可是這個年輕人記不得父親講的是什麼，於是父親就給他寫了一張條子，交待他當客人來訪時，就照條子念給客人聽。年輕人把條子放在口袋裡，等了兩天，沒有見到客人來訪，他想這張條子已經沒有用，就把它燒了。到第三天，客人竟然出現了，問這位年輕人說：「你爸爸到哪裡去了？」年輕人急著掏口袋找條子，然後告訴客人說：「燒了！」客人問：「是什麼時候燒的？」他說：「是昨天。」引得大家捧腹大笑。

在金雁大酒店舉辦圓緣晚會，是全團最後一次心得分享。

邀請北京宗教局薛樹琪先生（右一），以及中國佛教協會宏度法師（右三）與妙航法師（右二）分享心得。

宏度法師是北京中國佛教協會國際組的負責人，我們海外以及臺灣和他們聯繫的時候，都是由他接洽、轉報，所以我們到大陸訪問，就由他來接待。以私誼來說，他是我江蘇的小同鄉，我的出生地和出家的道場，都在南通，而他出生在如皋，就是現在南通市的範圍。這位法師相當優秀，從北京中國佛學院畢業之後，就擔任該院的法師。他專攻唯識和因明，所以此次我在行程中遇到好幾位已是弘化一方的年輕法師，都說是宏度法師的學生。

三六、廈門的南普陀寺

十月十六日，星期三。

今天上午八時三十分，登車前往廈門島的南普陀寺。對我來講，這是嚮往已久的事，原因是它在近代中國佛教史上，產生過舉足輕重的影響力，包括我的先師東初老人，也是曾經求學於該寺的閩南佛學院。

該寺位於廈門濱海五老峰下的南麓，名為「鷺島名山」，第一道牌樓上的楣額，就是寫著這四個字；兩旁門柱上的對聯則寫著：「廣廈島連滄海闊；大心量比五峰高。」它和金門島遙遙相望，我們沿著海濱公路，往該寺方向前進時，當地的駕駛還告訴我，過去金門和廈門的砲戰，最激烈的地方就在那一帶，現在已看不到一絲砲火的痕跡。因此我默默地祈禱，但願兩岸之間再也不要有戰爭了。

我們進入三門之前，就已經看到該寺的方丈聖輝大和尚，率領著僧俗四眾近千人，持香案列隊歡迎，並且有兩位比丘各撐一頂大傘蓋，分別懸在我和聖輝法師的

在南普陀寺大雄寶殿前人山人海的歡迎場面

上方，緩緩進入三門。天王殿的屋檐下，則懸掛一塊紅底白字的歡迎布條。

接著我們來到大雄寶殿，看到右邊的一根石柱上，還保留著民國十一年的年號，因為這是歷史，未因改朝換代而被打掉。進入大殿行禮如儀之後，該寺佛學院男、女二部的學僧以及信眾，已站滿了殿前大半個丹墀，再加上我們五百位團員，幾乎把這個丹墀擠得水洩不通。當時的太陽很大，可用火傘高張來形容，我就喧賓奪主地要求聖輝大和尚，讓已經把臉曬得通紅的年輕法師以及當地的居士們，都站到兩旁的屋檐下走廊內去，也請我們的團員把遮陽防雨的帽子戴上，然後再由聖輝法師給我們的團員開示。

因為他和我已經在大陸、海外、臺灣見過好多次面，同時就在此次行程中的十月六日，他已在長沙的古麓山寺接待過我們，所以感到十分親切。他一開口，就向大家介紹說，我是他的「老師兄」。

由於我們這趟，一路所見，年齡最高的僧寶，是九十六歲的本煥長老，他在大陸東南各省的信徒極多。而被今日大陸佛教界，共同推選出來的中國佛教協會會長、副會長、祕書長，他們也都在南方，都曾在這一次的行程中，出面接待了我們。

因此，我在南普陀寺，便對團員大眾說出了一些感想：今日大陸南方的佛教有許多大德菁英，那是指的本煥、一誠、聖輝、學誠等幾位長老法師。而我這次在大陸見到各寺所辦的佛學院和培訓班，歷史最久的也是在南方的南普陀寺的閩南佛學院。大陸的物質條件雖然還不及臺灣和海外其他地區，可是堅苦的環境往往能夠激勵人的道心，所以相信大陸未來的佛教人才，就是從現在這樣的環境中成長。

至於南普陀寺的歷史，據說初建於唐武宗會昌年間（八四一—八四六年），

南普陀寺禪堂內景

以及唐玄宗的大中年間（八四七—八五九年）。最初名為「普照寺」，五代時因為供奉西域的泗州大聖僧伽大師，故改名為「泗州院」。北宋初年，又改為「無心岩」；宋英宗治平年間（一〇六四—一〇六七年），准予重建，復稱「普照寺」。明末有一位詩僧覺光和尚住持該寺，常住眾百餘人；到了清朝康熙二十二年（一六八三年），由靖海將軍施琅重建。因該寺以奉祀觀音為主，又在佛教四大名山之一的普陀山之南，故稱「南普陀寺」。

這座寺院，在清末至民初時期，是屬於臨濟宗喝雲派，為師徒世襲制的小廟，寺規並不完善，也不容易培養出人才。所謂喝雲派，是臨濟宗在福建省的漳州分衍出的五個門派之一，其他的還有：潛雲、錦雲、白雲、法雲等。喝雲派中，現在知道的共有八個字，成為八代，那就是「佛、喜、轉、瑞、廣、傳、道、法」。

民國初年，該寺出了一位有卓見的轉逢法師，他曾到江、浙兩省，參學了二十年。在天童寺受戒，同時也在天童的禪堂擔任維那，親近號為八指頭陀的敬安寄禪長老，而當時年輕的太虛大師也在天童寺，所以轉逢與太虛，算是同門同參。一九一八年轉逢被請回廈門，住持南普陀寺。他除了先後改建和增建大雄寶殿、鐘鼓樓，以及其他殿堂外，並禮請性願法師在該寺創辦佛學社，為住眾講授佛經。接著他也把該寺由子孫世襲制，改為十方選賢的道場。

一九二四年即依新的寺規，選舉會泉法師為該寺首任十方制的方丈，在寺內創辦了閩南佛學院，由方丈兼任院長；並聘請上海華嚴大學畢業的常惺法師為副院長兼教務主任。第一屆招生七十四名，於一九二五年秋季開學上課，到一九二七年會泉法師三年方丈任期屆滿，就和轉逢長老商量繼任住持的人選。期間常惺法師推舉太虛大師，因此太虛大師成了該寺第二及第三兩任的方丈，兼任閩南佛學院院長。

而轉逢長老又被太虛大師聘為都監，襄助該寺的寺務，直到一九三二年為止。

有關太虛大師跟南普陀的因緣，可從他的年譜看到。從民國十六年（一九二七年）開始，那時的太虛大師才三十九歲，就和轉逢、常惺、轉岸三師從上海到了廈門。當他就任方丈之後，向閩院的員生講了「行為學與唯根論及唯身論」，是那年四月間的事。到了九月，他主持了閩院秋季的開學典禮，同時也對員生講了一篇「救僧運動」。他強調住持佛教，必須有出家的真僧，所論救僧之道，積極則「真修實證以成果」，「捨身利眾以成行」，「勤學明理以傳教」。消極則「自營生計以離譏」，「嚴擇出家以清源」，「寬許還俗以除偽」。另一篇「帝制於神、民制於佛之根據」，亦於此時期講出。

民國十七年冬，閩南佛學院發生學潮，寺務、院務均瀕於停頓。太虛大師命大醒、芝峰前往整頓。到民國十八年，太虛大師又在閩南佛學院講《瑜伽師地論・真實義品》，以及「中國學僧現時應取之態度」。民國十九年，他在那裡先後講了「大乘位與大乘各宗」、「佛學之宗旨及目的」、「僧教育要建立在律儀之上」、「西洋哲學與印度哲學概觀」。這段時間，他對於佛教的僧團制度也提出了「建設現代中國僧制大綱」，簡稱「建僧大綱」，雖然沒有成功，但是他對佛教的希望，在此階段展露無遺。

太虛大師把閩南佛學院的研究部，分為法相唯識、法性般若、小乘俱舍、中國佛學、融通應用等五系。民國二十年，太虛大師在閩南佛學院開講「大乘宗地圖」，又為學僧講「學僧修學綱要」，他以立志的標準、為學的宗旨、院眾的和合、環境的適應等四點為訓。民國二十一年，大師在閩院開示「現代僧教育的危亡與佛教的前途」，極力反對培養一群文士型的法師，他勉勵學僧：

現代學僧所要學的，不是學個講經的儀式，必須要學能實行佛法，建立佛教，昌明佛法，而養成能夠勤苦勞動的體格，和清苦淡泊的生活。

他這些想法，對我的影響很深。所以我自己也就不希望成為一個文士型的出家人，也就是一般中國人稱為書生氣質的出家人，或是學究型態的出家人，應該是像宗教師、苦行僧那樣的出家人。

到民國二十二年為止，這段期間的閩南佛學院，都是由大醒、芝峰主持院務，顯然內部尚稱安定，但對外則有一些糾紛。到了二十二年夏季開始，由常惺法師實際住持該寺，太虛大師就漸漸淡出。至民國二十五年，常惺法師也退任住持，閩南佛學院便陷於半停頓狀態。直到民國二十六年抗日戰爭開始，閩南佛學院就結束了。

在太虛大師住持南普陀寺期間，印順法師於民國二十年也到了南普陀，進入閩南佛學院，插入甲班的二年級。當時由大醒法師代理院長，芝峰法師為教務主任，到民國二十一年，印順法師就為該寺的甲班講《十二門論》，不過當年夏天就離開了。事實上，在閩南佛學院的師生，我所認識的除了印順法師之外，還有竺摩、瑞今、默如、戒德、慈航、巨贊、育枚、東初、妙湛等法師，他們對近代佛教史上的影響，都具有舉足輕重的地位。

另外在《弘一大師年譜》中，也有好幾處提到了南普陀寺。弘一大師和當時該寺的常惺、芝峰，都有數封書信往還。民國二十一年，弘一大師到了南普陀寺，此次是為參加常惺法師的住持晉山典禮，並共同合影留念。當時參與者還有太虛、常惺、會泉、弘一、性願、芝峰，及緇素百餘人。民國二十三年二月應常惺、會泉二法師之請，弘一大師到南普陀講「大盜戒」，同時建議創辦佛教養正院。他認為佛教教育，應自「蒙以養正」做起，訓示青年應注意四事，即「惜福、習勞、持戒、

與閩南佛學院法師在禪堂前合影（前排右二為南普陀寺方丈聖輝法師）

自尊」。並且請得日本的藏經，在該寺校對南山三大部。那年的春天至秋天，弘一大師都住在南普陀後山之兜率院，他自稱為晉水蘭若。在此披誦《一夢漫言》，歎為稀有，加批眉註，並作文數篇：〈華山見月律師行腳略圖并跋〉、〈莊閑女士手書《法華經》敘〉、依《一夢漫言》撰〈見月律師年譜摭要并跋〉，及〈一夢漫言敘〉等。對於見月律師之言行，推崇備至。

可見南普陀寺在民國時代，不論對中國佛教的哪一方面，都有很大的影響。尤其是轉逢長老把該寺改革成為十方道場，然後又先後創辦了閩南佛學院及佛教養正院。在我的師友之中，就有好幾位是和這兩個佛教教育機構有關。

到一九七八年，由妙湛法師擔任住持，開始重興寺宇，增建殿堂；一九八五年閩南佛學院恢復招生，並且首次創設女眾佛學院，漸漸發展為大陸漢傳佛教規模最大的高等學府；一九九四年創辦大陸第一所佛教慈善事業基金會，除了佛教的教育，也兼顧關懷社會救濟的工作。

在聖輝法師擔任方丈之後，又有不少的興革。如今該寺的建築群，在中軸線上，除了東、西兩座三門，依次為三門殿、天王殿、大雄寶殿、大悲殿、藏經閣，其次還有海會樓、普照樓、佛協辦公樓、慈善樓、上客堂、禪堂、法師樓、佛學院校舍，以及圖書館等。所有主要的殿宇，依山而建，層層升高，高低俯仰，參差錯落，配置得很有規律，一體採用宮殿式的重檐飛脊，覆以琉璃瓦的屋面。其中最特殊的是大悲殿的結構，是採用拱形的無樑殿。現在這座寺院不僅是福建省的首剎，也是名動全國的古剎。

在離開南普陀寺後，我們全團五百人的大陸之行便畫下圓滿句點。團員在廈門機場分四班飛機飛抵香港後，有的團員轉往臺北或其他地區，有的則隨我繼續參訪香港的寶蓮寺，以及聆聽我在香港理工大學的演講。

我們五百人的團體，能夠順利完成禪宗溯源之旅，除要感恩三寶，感恩大陸各界人士的接待，也要感謝全體團員的用心合作，讓我真像是與五百位菩薩一起打了兩個禪七。

附錄一 參訪路線圖

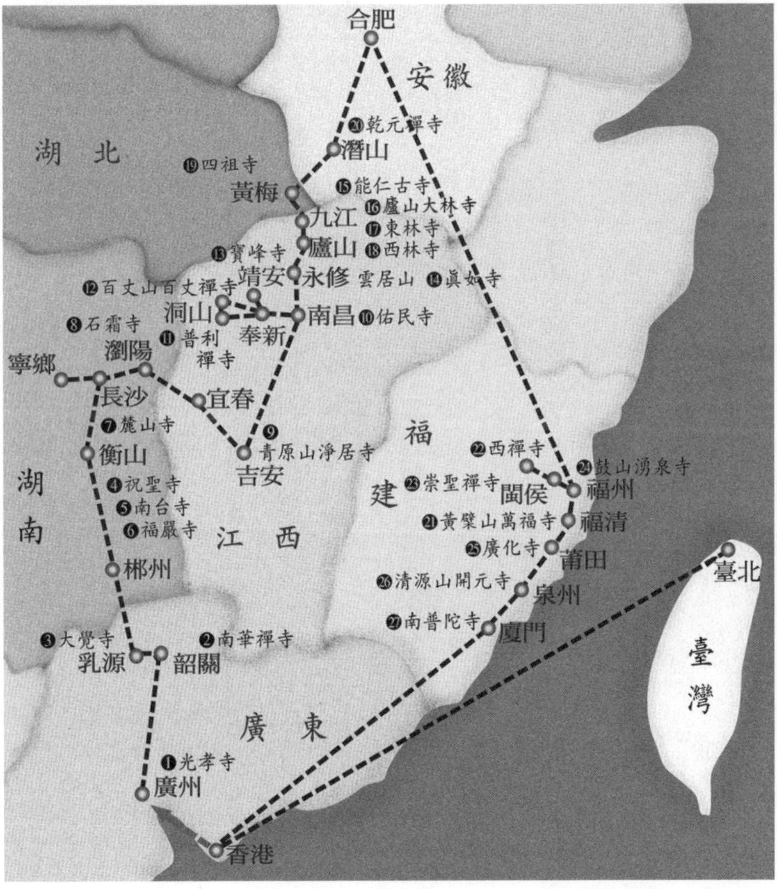

合肥
安徽
湖北
⑳乾元禪寺
潛山
⑲四祖寺
黃梅
⑮能仁古寺
⑯廬山大林寺
九江
⑰東林寺
廬山
⑱西林寺
⑬寶峰寺
靖安
永修
雲居山
⑭眞如寺
⑫百丈山百丈禪寺
洞山
南昌
⑩佑民寺
⑧石霜寺
⑪普利禪寺
奉新
瀏陽
寧鄉
長沙
宜春
⑦麓山寺
⑨青原山淨居寺
福
衡山
吉安
湖南
④祝聖寺
⑤南台寺
⑥福嚴寺
江西
郴州
建
㉒西禪寺
㉓崇聖禪寺
閩侯
㉔鼓山湧泉寺
福州
㉑黃檗山萬福寺
福清
㉕廣化寺
莆田
㉖清源山開元寺
泉州
臺北
㉗南普陀寺
廈門
③大覺寺
②南華禪寺
乳源
韶關
臺灣
廣東
①光孝寺
廣州
香港

附錄二

禪宗祖庭系統表

- 菩提達摩（光孝寺）—二祖慧可—三祖僧璨（乾元禪寺）—四祖道信（正覺禪寺）—五祖弘忍（五祖寺）—六祖惠能（光孝寺）（南華寺）
  - 南嶽懷讓（磨鏡台）（福嚴寺）—馬祖道一（佑民寺）（寶峰寺）▲①
  - 青原行思（淨居寺）—石頭希遷（南台寺）▲②

- ▲①馬祖道一—百丈懷海（百丈禪寺）
  - 黃檗希運（萬福寺）—臨濟義玄（臨濟宗）—興化存獎▲③
  - 大安禪師（西禪寺）
  - 溈山靈祐（溈仰宗）
    - 石霜慶諸（石霜寺）—圓智（枯木禪）
    - 仰山慧寂（光孝寺）

- ▲②石頭希遷
  - 藥山惟儼—雲巖曇成—洞山良价（曹洞宗）（普利禪寺）
    - 曹山本寂
    - 雲居道膺（真如禪寺）—同安道丕▲④
  - 天皇道悟—龍潭崇信—德山宣鑒—雪峰義存（崇聖禪寺）

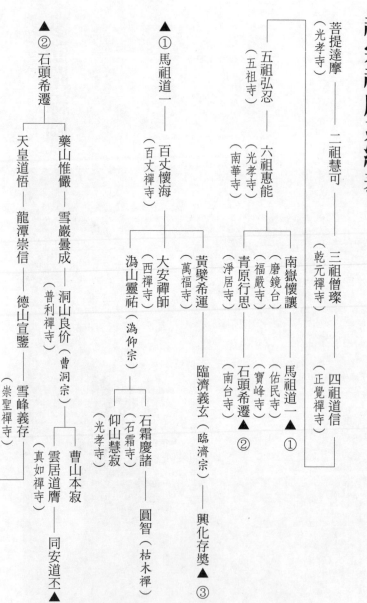

雲門文偃（雲門宗）（大覺禪寺）

玄沙師備—羅漢桂琛—清涼文益（法眼宗）—天台德韶—永明延壽

神宴禪師（湧泉禪寺）

▲③興化存奬—南院慧顒—風穴延沼—首山省念—汾陽善昭

慈明楚圓（石霜寺）

- 黃龍慧南
- 楊岐方會—白雲守端—五祖法演—克勤圜悟—大慧宗杲（話頭禪）

▲④同安道丕—同安觀志—梁山緣觀—大陽警玄—投子義青—芙蓉道楷

丹霞子淳

- 宏智正覺（默照禪）
- 真歇清了—天童宗珏—雪竇智鑑—天童如淨—希元道元

附錄三

近代諸大師相關道場

虛雲老和尚
- 南華禪寺
- 大覺禪寺
- 寶峰禪寺
- 真如禪寺
- 湧泉寺

弘一大師
- 湧泉寺
- 開元寺
- 南普陀寺

太虛大師
- 湧泉寺
- 開元寺
- 南普陀寺

圓瑛大師
- 西禪寺
- 湧泉寺

寰遊自傳 14

五百菩薩走江湖——禪宗祖庭探源

A Pilgrimage to the wellsprings of China:
Exploring Ancestral Monasteries of the Chan School

著者	聖嚴法師
出版	法鼓文化
總審訂	釋果毅
總監	釋果賢
總編輯	陳重光
編輯	李金瑛、李書儀
封面設計	邱淑芳
內頁美編	胡琡珮
地址	臺北市北投區公館路186號5樓
電話	(02)2893-4646
傳真	(02)2896-0731
網址	http://www.ddc.com.tw
E-mail	market@ddc.com.tw
讀者服務專線	(02)2896-1600
初版一刷	2003年10月
三版一刷	2019年6月
建議售價	新臺幣280元
郵撥帳號	50013371
戶名	財團法人法鼓山文教基金會一法鼓文化
北美經銷處	紐約東初禪寺 Chan Meditation Center (New York, USA) Tel: (718)592-6593 Fax: (718)592-0717

法鼓文化

國家圖書館出版品預行編目資料

五百菩薩走江湖：禪宗祖庭探源 / 聖嚴法師著.
-- 三版. -- 臺北市：法鼓文化, 2019.06
面； 公分
ISBN 978-957-598-818-0 (平裝)

1.寺院 2.旅遊 3.中國

227.2 108006285